L&PM POCKET ENCYCLOPAEDIA

ESCRITA
UMA BREVE INTRODUÇÃO

Série **L&PM**POCKET**ENCYCLOPÆDIA**

Alexandre, o Grande Pierre Briant
Anjos David Albert Jones
Bíblia John Riches
Budismo Claude B. Levenson
Cabala Roland Goetschel
Capitalismo Claude Jessua
Cérebro Michael O'Shea
China moderna Rana Mitter
Cleópatra Christian-Georges Schwentzel
A crise de 1929 Bernard Gazier
Cruzadas Cécile Morrisson
Dinossauros David Norman
Drogas Leslie Iversen
Economia: 100 palavras-chave Jean-Paul Betbèze
Egito Antigo Sophie Desplancques
Escrita Andrew Robinson
Escrita chinesa Viviane Alleton
Evolução Brian e Deborah Charlesworth
Existencialismo Jacques Colette
Filosofia pré-socrática Catherine Osborne
Geração Beat Claudio Willer
Guerra Civil Espanhola Helen Graham
Guerra da Secessão Farid Ameur
Guerra Fria Robert McMahon
História da medicina William Bynum
História da vida Michael J. Benton
Império Romano Patrick Le Roux
Impressionismo Dominique Lobstein
Inovação Mark Dodgson & David Gann
Islã Paul Balta
Jesus Charles Perrot
John M. Keynes Bernard Gazier
Jung Anthony Stevens
Kant Roger Scruton
Lincoln Allen C. Guelzo
Maquiavel Quentin Skinner
Marxismo Henri Lefebvre
Memória Jonathan K. Foster
Mitologia grega Pierre Grimal
Nietzsche Jean Granier
Paris: uma história Yvan Combeau
Platão Julia Annas
Pré-história Chris Gosden
Primeira Guerra Mundial Michael Howard
Relatividade Russell Stannard
Revolução Francesa Frédéric Bluche, Stéphane Rials e Jean Tulard
Revolução Russa S. A. Smith
Rousseau Robert Wokler
Santos Dumont Alcy Cheuiche
Sigmund Freud Edson Sousa e Paulo Endo
Sócrates Cristopher Taylor
Teoria quântica John Polkinghorne
Tragédias gregas Pascal Thiercy
Vinho Jean-François Gautier

Andrew Robinson

ESCRITA
UMA BREVE INTRODUÇÃO

Tradução de CAMILA WERNER

www.lpm.com.br
L&PM POCKET

Coleção **L&PM** POCKET, vol. 1207

Andrew Robinson é formado pela Universidade de Oxford e também pela School of Oriental and African Studies, em Londres. Foi professor visitante do Wolfson College, em Cambridge. Entre seus livros, destacam-se *The Story of Writing: Alphabets, Hieroglyphs and Pictograms* e *Lost Languages: The Enigma of the World's Undeciphered Scripts*.

Texto de acordo com a nova ortografia.
Título original: *Writing and Script: A Very Short Introduction*

Primeira edição na Coleção **L&PM** POCKET: abril de 2016

Tradução: Camila Werner
Capa: Ivan Pinheiro Machado. *Ilustração*: iStock
Preparação: Elisângela Rosa dos Santos
Revisão: Marianne Scholze

CIP-Brasil. Catalogação na Fonte
Sindicato Nacional dos Editores de Livros, RJ

R555h

Robinson, Andrew, 1957-
    Escrita: uma breve introdução / Andrew Robinson; tradução Camila Werner. – Porto Alegre, RS: L&PM, 2016.
    176 p. : il. ; 18 cm   (Coleção L&PM POCKET; v. 1207)

    Tradução de: *Writing and Script: A Very Short Introduction*
    ISBN 978-85-254-2824-0

    1. Escrita - História. 2. Linguística - História. I. Título. II. Série.

13-0574.   CDD: 411.09
                                                        CDU: 003(09)

© Andrew Robinson, 2009
***Writing and Script: A Very Short Introduction* foi originalmente publicado em inglês em 2009.
Esta tradução é publicada conforme acordo com a Oxford University Press.**

Todos os direitos desta edição reservados a L&PM Editores
Rua Comendador Coruja, 326 – Floresta – 90220-180
Porto Alegre – RS – Brasil / Fone: 51.3225.5777 – Fax: 51.3221.5380

Pedidos & Depto. comercial: vendas@lpm.com.br
Fale conosco: info@lpm.com.br
www.lpm.com.br

Impresso no Brasil
Outono de 2016

Sumário

Agradecimentos 7

Capítulo 1: A escrita e o seu surgimento 9

Capítulo 2: O desenvolvimento e a difusão da escrita 26

Capítulo 3: O desaparecimento da escrita 45

Capítulo 4: Decifração e escritas não decifradas 61

Capítulo 5: Como funcionam os sistemas de escrita 83

Capítulo 6: Alfabetos 101

Capítulo 7: Escritas chinesa e japonesa 120

Capítulo 8: Escribas e materiais 133

Capítulo 9: A escrita torna-se eletrônica 145

Cronologia 154

Leituras complementares 158

Índice remissivo 162

Lista de ilustrações 166

AGRADECIMENTOS

Este é o quarto livro que escrevo sobre a escrita. O primeiro foi um levantamento bastante ilustrado sobre o assunto; o segundo versou sobre escritas não decifradas e o terceiro sobre Michael Ventris, que decifrou a escrita legível mais antiga da Europa, a linear B. Também escrevi uma biografia sobre o polímata Thomas Young, uma figura essencial para que a Pedra de Roseta e os hieróglifos egípcios fossem decifrados.

Nesse caminho, acumulei muitas dívidas com especialistas nos diversos tipos de escrita, que me aconselharam sem pedir nada em troca. Parte do seu conhecimento especializado encontrou espaço neste livro. Apesar de não estarem diretamente envolvidos, gostaria de salientar a ajuda de John Baines, John Bennet, Larissa Bonfante, o falecido John Chadwick, Michael Coe, Robert Englund, Jacques Guy, Stephen Houston, Kim Juwon, Oliver Moore, Tom Palaima, Asko Parpola e J. Marshall Unger.

E com prazer agradeço a Andrea Keegan, Latha Menon e Keira Dickinson, da Oxford University Press.

Capítulo 1

A escrita e o seu surgimento

A civilização não pode existir sem a língua falada, mas pode sem a comunicação escrita. A poesia grega de Homero foi primeiro transmitida de forma oral, guardada na memória, assim como os Vedas, os hinos dos antigos hindus, que durante muitos séculos não foram registrados por escrito. O império sul-americano dos incas conseguia ser administrado sem escrita. Ainda assim, quase toda sociedade complexa – antiga ou moderna – acabou precisando de um ou mais tipos de escrita. O ato de escrever, apesar de não ser fundamental como a comunicação oral, é um marco definidor da civilização. Sem a escrita, não pode haver acúmulo de conhecimento, registros históricos, ciência (apesar de tecnologias simples poderem existir) e, é claro, livros, jornais, e-mails ou internet.

A criação da escrita na Mesopotâmia (atual Iraque) e no Egito no final do quarto milênio antes de Cristo permitiu que o comando e a marca de governantes como o babilônico Hamurabi, o romano Júlio César ou o mongol Kublai Kahn se estendessem muito além do alcance da vista ou da voz e até mesmo sobrevivessem a suas mortes. Se as inscrições na Pedra de Roseta nunca tivessem sido feitas, por exemplo, o mundo praticamente desconheceria o rei greco-egípcio Ptolomeu V Epifânio, cujos sacerdotes promulgaram seus decretos na Pedra de Roseta em 196 a.C. usando três tipos de escrita: a hieroglífica sagrada, a demótica administrativa e o alfabeto grego clássico.

A escrita e a leitura geralmente são vistas como poderes eternos. Todos os pais modernos querem que seus filhos sejam capazes de ler e escrever. Contudo, há um aspecto negativo na expansão da escrita que está presente nos seus mais de cinco mil anos de história, mesmo que seja menos óbvio. No século V a.C., o filósofo grego Sócrates (que reconhecidamente nunca publicou uma palavra) apontou nossa ambivalência em relação à "palavra visível" em sua história sobre o deus egípcio Toth, o mítico inventor da escrita. Toth foi ver o rei em busca da bênção real para o seu instrutivo invento. Em vez de elogiá-lo, o rei disse:

> Você não inventou o elixir da memória, mas da lembrança; e você oferece aos seus pupilos a aparência da sabedoria, e não a sabedoria verdadeira, porque eles lerão muitas coisas sem explicações e por isso parecerão saber muitas coisas, quando em grande parte são ignorantes.

Em um século XXI saturado de informação escrita e cercado de tecnologias da informação de velocidade, praticidade e força impressionantes, essas palavras de Sócrates registradas por seu discípulo Platão têm um tom particularmente contemporâneo.

Este livro introduz as origens da escrita: as rotas pelas quais ela se espalhou e desenvolveu-se em centenas de tipos para algumas das milhares de línguas faladas; a maneira como os diferentes sistemas de escrita criam significado por meio de sinais fonéticos para consoantes, vogais e sílabas, combinadas com logogramas – sinais não fonéticos usados no lugar de palavras (por exemplo, @, $, &, =, ?); as ferramentas e os materiais que os escribas e outros usaram para escrever; os motivos pelos quais a escrita vem sendo utilizada pelas sociedades ao longo de cinco milênios; a extinção e a decifração da escrita.

Obviamente, nem todas as modalidades puderam ser incluídas: um livro acadêmico lançado recentemente, *The World's Writing Systems* [Sistemas de escrita do mundo], chega a quase mil páginas substanciais. No entanto, todas as escritas relevantes são mencionadas. Dentre a enorme variedade de escritas, antigas e atuais, as escritas antigas extintas, como os hieróglifos egípcios, a escrita cuneiforme da Mesopotâmia e os glifos maias, têm muito em comum, tanto na estrutura quanto na função, com as escritas modernas e os nossos sistemas especializados de comunicação – sejam eles alfabetos, ideogramas chineses, mensagens de celular ou sinalização de aeroportos. Os sinais desses sistemas podem ser muito diferentes entre si, mas os princípios linguísticos por trás dos sinais são similares. As escritas antigas não são letras mortas, nem apenas curiosidades estranhas. Fundamentalmente, a maneira como os escritores escrevem no começo do terceiro milênio depois de Cristo não é diferente de como os antigos egípcios e mesopotâmicos escreviam.

Protoescrita e escrita propriamente dita

Em uma caverna em Peche Merle, em Lot, no sul da França, há uma colina com alguns sinais misteriosos: o contorno de uma mão – com quatro dedos abertos e um dedão claramente visíveis – feito em tinta vermelha e, perto dele, um padrão aleatório de onze pontos vermelhos. O que torna esses sinais significativos é o fato de que provavelmente têm vinte mil anos de idade e pertencem à última Era Glacial, assim como muitos outros grafites do sul da França, que muitas vezes incluem imagens de animais com sinais escritos sobre eles ou ao seu redor. Um exemplo de uma caverna diferente mostra a figura de um cavalo sobreposta por uma série de sinais "P" (um deles invertido); em uma caverna anexa, a figura de um cavalo está cercada por mais de oitenta "P", muitos dos quais foram claramente feitos com instrumentos diferentes.

A mão com os pontos e os sinais "P" devem ser considerados escritas? É tentador imaginar que os primeiros sinais citados sejam o equivalente paleolítico do "Estive aqui com os meus animais" (um ponto por animal) e que os últimos foram feitos por um indivíduo da Era Glacial como parte de uma espécie de ato contínuo de adoração. Ninguém sabe com certeza. Porém, sem dúvida, esses sinais foram feitos para comunicar algo.

Podemos chamá-los de "protoescrita": marcas visíveis e permanentes capazes de comunicar algo parcialmente ou de modo especializado. Alguns acadêmicos limitam a pro-

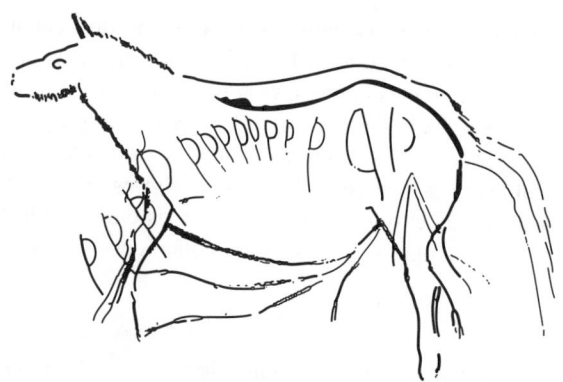

1. Esta gravura de um cavalo, sobreposta por uma sequência de sinais, na caverna de Les Trois Frères, no sul da França, data da última Era Glacial. É um dos muitos exemplos de protoescrita.

toescrita às primeiras formas de escrita, mas neste livro o termo é aplicado de maneira muito mais ampla. Assim, há infinitas variedades de protoescrita. Entre elas, os petroglifos pré-históricos de todo o mundo, as pedras com sinais pictos da Escócia, os pictogramas ameríndios, os registros feitos em varetas de madeira entalhadas e inscritas (usadas até 1834 pelo tesouro britânico) e as fascinantes cordas com nós chamadas de *quipus* e utilizadas para registrar os movimentos dos deuses no império inca. Sistemas contemporâneos de sinais, como os sinais internacionais de transporte, os ícones de computador, os diagramas de circuitos eletrônicos, as notações matemáticas ou as notações musicais em uma partitura, também são igualmente válidos como protoescrita.

Portanto, o prefixo "proto" não se refere ao desenvolvimento histórico, mas ao desenvolvimento funcional. Embora a protoescrita anteceda em muito tempo a "escrita propriamente dita", como o alfabeto inglês ou os ideogramas chineses, as duas sempre coexistirão. A protoescrita não desapareceu como resultado do surgimento da escrita propriamente dita – apagada como sendo primitiva em um suposto progresso evolutivo em direção a nossa atual forma superior de escrita –, mas continuou a ser utilizada para fins especializados. Revistas científicas, por exemplo, apresentam uma mistura de escrita propriamente dita (geralmente o texto em escrita alfabética) e protoescrita (diagramas matemáticos e visuais). Teoricamente, a matemática poderia ser expressa em palavras, assim como os antigos filósofos naturais como Newton fizeram muitas vezes, porém o inverso não é verdadeiro: as palavras não poderiam ser escritas em sinais matemáticos.

A escrita propriamente dita foi definida de modo conciso como um "sistema de sinais gráficos que podem ser usados para expressar todo e qualquer pensamento" por John DeFrancis, um eminente estudioso americano do chinês, em seu livro *Visible Speech: The Diverse Oneness of Writing Systems* (O discurso visível: as diversas singularidades dos sistemas de escrita). Nem todos os acadêmicos da escrita concordariam com isso. Uma pequena minoria não faz distinção entre a protoescrita e a escrita propriamente dita, vendo ambas como "escritas", apesar de serem capazes de diferentes graus de expressividade. Outros discordam da ideia de que todo pensamento pode ser expresso em linguagem falada e preferem usar "toda e qualquer linguagem" na definição mencionada. Os momentos mais provocantes do cinema, por exemplo, muitas vezes são silenciosos; e aparentemente os matemáticos pensam mais usando imagens visuais do que palavras. Mesmo assim, quase todos os pensamentos podem ser verbalizados com a educação adequada. "Saber escrever bem é como saber pensar bem", disse o matemático, médico e filósofo Blaise Pascal. E assim a definição de DeFrancis é útil, tanto por si mesma quanto pela maneira como distingue de modo implícito a escrita propriamente dita da protoescrita.

Fichas de argila

Um tipo de protoescrita que tem atraído muita atenção – talvez porque possa fornecer evidências para a origem da escrita propriamente dita – são as chamadas "fichas" de argila. Escavações arqueológicas no Oriente Médio feitas ao longo do século passado revelaram, além das tábuas de argila, um grande número de pequenos e inexpressivos objetos de argila. Os escavadores não tinham a menor ideia do que eles fossem e geralmente os descartavam como sendo sem valor. Segundo a estratigrafia dessas escavações, os objetos datam de entre 8000 a.C. – o início da agricultura – e 1500 a.C., apesar de o número de objetos encontrados que datam de depois de 3000 a.C. diminuir gradativamente. Os mais antigos não são decorados e têm formas geométricas – esferas, cones etc. –, enquanto os mais recentes muitas vezes apresentam incisões e formas mais complexas.

Ninguém tem certeza sobre sua função. A explicação mais provável, e amplamente aceita, é a de que eram unidades de contabilidade. Diferentes formas poderiam ter sido utilizadas para contar entidades distintas, como uma ovelha de um rebanho, ou determinada medida de certo produto, como uma quantidade de grãos. O número e a variedade de formas poderia ser ampliado de modo que um objeto de um formato particular poderia significar, por exemplo, dez ou cem ovelhas, ou ovelhas negras em oposição a ovelhas brancas. Isso teria permitido a manipulação aritmética de números e quantidades grandes com um número comparativamente menor de objetos de argila. Também explicaria a tendência perceptível a uma maior complexidade do objeto ao longo do tempo, conforme as economias antigas se ramificavam.

Por causa dessas pressuposições, os objetos costumam ser chamados de "fichas-toquem" (do inglês *token*) porque se acredita que representavam conceitos e quantidades. De acordo com uma teoria, esse sistema de fichas foi o embrião da escrita pictográfica; por isso, houve o declínio do número de fichas com o crescimento da escrita em tábuas de argila depois de 3000 a.C. durante o terceiro milênio. Supõe-se que a substituição das fichas tridimensionais pelos sinais bidimensionais nas tábuas de argila foi o primeiro passo em direção à escrita. No entanto, apesar de essa teoria ter sido muito discutida, não é amplamente aceita.

Para entender o porquê, precisamos observar a descoberta mais interessante relacionada às fichas de argila. Foram encontradas fichas envoltas por um envelope de argila, com a forma de uma esfera e conhecido como "bula" (a palavra latina para "bolha"). São conhecidas cerca de oitenta bulas com as fichas intactas. Ao sacudir a bula, as fichas soam lá dentro; seu contorno é visível por raio X. A superfície externa selada pode trazer impressões sobre a argila, as quais às vezes correspondem às fichas que contém.

O mais provável é que a função da bula fosse a de garantir a precisão e a autenticidade das fichas guardadas durante transações comerciais. As fichas guardadas em um barbante ou em uma bolsa poderiam ser adulteradas; a fraude era muito mais difícil se elas estivessem isoladas dentro da bula. Se bens fossem despachados, uma bula pode ter funcionado como um comprovante de recebimento. No caso de uma disputa, a bula poderia ser aberta e o conteúdo comparado com as mercadorias.

Ao marcar o lado externo da argila, era possível verificar o conteúdo sem a necessidade de quebrar a bula, embora tais impressões não sejam tão seguras contra fraude. Mas a evidência aqui é ambígua. Pode-se esperar que o número de impressões externas condiga com o número de fichas. Em alguns casos, isso acontece, mas nem sempre. Também é de se esperar que o formato das impressões e das fichas fossem os mesmos. (Imagina-se que, depois de a bula ser selada, as impressões eram feitas com outras fichas exatamente iguais àquelas guardadas ali dentro.) Na verdade, a correlação é desigual.

Alguns estudiosos, liderados por Denise Schmandt-Besserat, acreditam que essas marcas exteriores nas bulas eram um passo em direção à marcação das tábuas de argila com sinais mais complexos e o consequente surgimento da escrita. Apesar de essa teoria ser razoável, parece complicada demais. Por que um sinal entalhado em uma tábua deve ser considerado mais avançado que a impressão em uma bola de argila ou até mesmo que a própria ficha de argila? Pelo contrário, a modelagem de uma ficha entalhada parece ser mais avançada do que um sinal entalhado. Compare isso à invenção das moedas, que surgiram depois das ranhuras e notações em varetas de madeira. (Existem ossos com ranhuras da Era Glacial que podem ser calendários lunares.) Além disso, as fichas e as bulas continuaram a ser feitas por muito tempo depois do surgimento da escrita cuneiforme. Em vez de dar origem à ideia da escrita propriamente dita, como foi sugerido, elas provavelmente funcionaram como complemento à escrita, assim como as varetas. Em outras palavras, elas não precederam a escrita, mas acompanharam o seu desenvolvimento.

Pictogramas

Então como a escrita começou? Até o Iluminismo, no século XVIII, a explicação mais aceita era a da invenção divina, como na história de Toth contada por Sócrates. Hoje em dia, muitos estudiosos, provavelmente a maioria, aceitam que a primeira escrita desenvolveu-se a partir da contabilidade – não por meio das fichas de argila, mas como resultado de necessidades comerciais.

As escritas mais antigas da Mesopotâmia, tábuas de argila queimadas datadas de cerca de 3300 a.C., são registros de contabilidade, enquanto o registro mais antigo de escrita no Egito, de cerca de 3200 a.C., foi encontrado nos sinais em objetos feitos de osso e marfim usados para identificar e contar bens nos túmulos. (Nenhuma das datas é certa, e alguns egiptólogos sugerem uma data um pouco anterior para a escrita egípcia.) A escrita mais antiga da Arthur, as tábuas de argila em linear A e B encontradas em Creta e na parte continental da Grécia que pertencem à metade do segundo milênio antes de Cristo, são registros de contabilidade. Apesar de ser curioso o fato de haver poucas evidências de contabilidade nas primeiras escritas da China, Índia e Mesoamérica, a razão pode ser simplesmente que tais registros não sobreviveram. Os registros comerciais mantidos nessas primeiras civilizações podem ter sido feitos em materiais perecíveis como bambu, cortiça ou peles de animais. Tais materiais apodrecem e desaparecem, ao contrário daqueles usados na Mesopotâmia, no Egito e em Creta. Mesmo as tábuas de argila podem ter sobrevivido em muitos casos só porque foram assadas e endurecidas por acidente durante a incineração de arquivos do palácio.

Portanto, em algum momento no fim do quarto milênio antes de Cristo, nas cidades dos sumérios na Mesopotâmia – o "berço da civilização" entre os rios Tigre e Eufrates –, uma economia em expansão impulsionou a criação da escrita. A complexidade do comércio e da administração atingiu um ponto que ultrapassou o poder da memória entre a elite governante. Registrar as transações de forma confiável e permanente tornou-se essencial para o governo e para o comércio. Os administradores e os comerciantes podiam então dizer o equivalente em sumério a "Vou colocar isso no papel" e "Posso ter isso por escrito?".

Alguns estudiosos acreditam que a busca consciente pela solução desse problema feita por um indivíduo sumério desconhecido na cidade de Uruk (Erech bíblica), por volta de 3300 a.C., produziu a escrita. Outros defendem que a escrita foi resultado do trabalho de um grupo, provavelmente de administradores e comerciantes inteligentes. Outros ainda pensam que não se trata de uma invenção, mas de uma descoberta acidental. Muitos a veem como resultado de uma evolução ao longo de um período, e não como um momento de inspiração. Todas essas são hipóteses razoáveis, dada a limitação de evidências, e provavelmente nunca saberemos qual delas é de fato correta.

O que é praticamente certo, no entanto, é o fato de que os primeiros sinais escritos começaram sua vida como imagens. Muitos dos primeiros sinais da Mesopotâmia, do Egito e da China são pictogramas facilmente reconhecíveis. Eles mostram criaturas como peixes, pássaros e porcos, plantas como cevada e tamareiras, partes do corpo como as mãos e a cabeça, objetos como cestos e vasos, além de cenas naturais como o Sol, a Lua, montanhas e rios.

Alguns dos primeiros pictogramas também representam conceitos abstratos. Assim, o desenho de uma perna e de um pé podem significar não apenas "perna e pé", mas também o conceito de "andar" ou "ficar de pé", enquanto uma cabeça com uma tigela perto dela pode significar "comer". Em casos como esses, o simbolismo é universalmente compreensível, ainda que em geral isso não seja verdadeiro para os pictogramas.

Em primeiro lugar, uma imagem pode tornar-se tão estilizada e simplificada que não seja mais reconhecida como um pictograma. Essa mudança aconteceu durante o desenvolvimento dos pictogramas da Mesopotâmia em certos sinais da escrita cuneiforme e no posterior desenvolvimento dos pictogramas chineses em elementos da escrita em ideogramas. Apesar de os hieróglifos egípcios terem resistido à tendência em direção à abstração e permanecido claramente pictográficos, eles deram origem a uma segunda e mais abstrata escrita administrativa conhecida como hierática e, muito mais tarde,

2. Estes pictogramas da Mesopotâmia aparecem em tábuas de argila sumérias, que datam de cerca de 3000 a.C. Eles têm os seguintes significados:
linha superior: **mão/dia/vaca/comer/vaso/tamareira**
linha do meio: **porco/pomar/pássaro/junco/burro/boi**
linha inferior: **cabeça/andar, parar/peixe/cevada/poço/água**

a uma terceira escrita administrativa, a demótica (escrita na pedra de Roseta), na qual é difícil detectar qualquer semelhança com os hieróglifos.

Em segundo lugar, em que ponto da escala de abstração e associação de ideias crescentes o significado de um pictograma se encaixa? Um homem desenhado com pauzinhos pode significar, por exemplo, qualquer coisa entre um indivíduo e toda a humanidade; também pode simbolizar "ficar de pé", "esperar", "sozinho", "solitário" ou até mesmo "banheiro masculino". Da mesma maneira, o sinal sumério para "cevada" também poderia significar qualquer outro tipo de cereal ou qualquer planta. A situação com os pictogramas é um pouco parecida com a das crianças aprendendo a falar. Ao aprender que o cachorro da família chama-se "cachorro", elas podem estender a palavra a outros animais que veem, como gatos – ou podem usar a palavra de forma restrita, empregando-a apenas para um cachorro em particular, o cachorro da família.

As mais antigas tábuas sumérias de Uruk consistem em pictogramas ou quase pictogramas e numerais. Eles têm a ver com cálculos. Apesar de não podermos ter certeza do significado das tábuas em todos os detalhes, às vezes podemos acompanhar um cálculo, assim como foi descrito no importante estudo *Archaic Bookkeeping: Writing and Techniques of Economic Administration in the Ancient Near East* (Contabilidade arcaica: escrita e técnicas de administração econômica no Antigo Oriente Médio), escrito por um grupo multidisciplinar de estudiosos: Hans Nissen, Peter Damerow e Robert Englund. (O título pode não soar muito convidativo, mas na verdade o livro é tão intrigante do ponto de vista intelectual como um livro policial.)

Os numerais sumérios eram impressos na tábua de argila de uma maneira que permaneceu a mesma por muitos séculos, conforme se desenvolveu a escrita cuneiforme durante o terceiro milênio antes de Cristo. A ponta arredondada de uma caneta de junco era pressionada verticalmente na argila macia para fazer um buraco circular ou era pressionada em ângulo para criar uma depressão em formato de unha – ou uma combinação das duas impressões, superpostas, era usada para expressar um numeral maior. É possível que alguns formatos criados pelas canetas tenham se desenvolvido a partir das impressões feitas nas bulas. Mas é igualmente possível que tenham sido desenvolvidos especialmente para serem usados nas tábuas de argila.

A tábua mostrada na página 21 registra uma transação comercial de cevada. O pictograma de cevada aparece claramente duas vezes. Os numerais no alto registram a quantidade de cevada. As três depressões em forma de unha no canto esquerdo, cada uma com um buraco circular, representam a maior unidade, correspondendo a 43.200 litros, sendo que totalizam três vezes 43.200, o que é igual a 129.600 litros. O total final de todos os doze numerais representa cerca de 135.000 litros. Imediatamente abaixo deles, à direita, estão os sinais referentes ao período da contabilidade, 37 meses; se você olhar com cuidado, verá três buracos circulares que significam 30 e 7, pequenas depressões dentro do sinal de "mês". Imediatamente abaixo desse sinal de "mês" estão dois sinais para o nome do oficial responsável ou o nome de uma instituição/escritório – uma espécie de assinatura suméria. A partir da semelhança entre os dois sinais com os últimos sinais cuneiformes de valor fonético conhecido, o nome do oficial poderia ser "Kushim". Alguns outros sinais no canto inferior esquerdo têm o significado menos claro, mas talvez se refiram à função do documento e ao uso da cevada. Devido à grande quantidade de cevada e ao longo período de contabilidade (cerca de três anos), a tábua parece ser o resumo de uma "folha de balanço".

No Egito, o grupo de artefatos inscritos mais antigo – descoberto apenas no final da década de 1980 – vem de uma tumba real conhecida como U-j em Abidos e é anterior ao período dinástico que começou em 3100 a.C. Alguns são vasos de cerâmica, mais de uma centena deles, com um grande sinal ou um par de sinais em suas paredes. No entanto, o segundo tipo de artefato, o mais intrigante dos dois, consiste

3. Esta antiga tábua de argila com escrita cuneiforme, da antiga cidade de Uruk, no atual Iraque, data do final do quarto milênio antes de Cristo. Ela registra uma transação envolvendo cevada. Veja o texto para obter uma explicação mais detalhada.

em cerca de duzentas etiquetas pequenas feitas de ossos e marfim com apenas cerca de 1,25 centímetro de altura em média, perfuradas em um canto, o que faz parecer que foram amarradas a fardos de tecido ou outros bens funerários de valor que desapareceram com os ladrões de tumbas. Há números inscritos nessas etiquetas – em grupos de até doze dígitos individuais, mais o sinal de 100 ou de 100 + 1 e sinais pictográficos, apesar de ser intrigante o fato de que numerais e pictogramas raramente apareçam juntos nas etiquetas. Ao menos parte dos pictogramas, mas certamente não a maioria, lembra muito os posteriores hieróglifos, especialmente alguns pássaros, uma extensão de água e possivelmente uma cobra.

De acordo com o escavador das etiquetas, os sinais são precursores dos hieróglifos. Eles demonstram a existência de um sistema de escrita que daria origem aos conhecidos hieróglifos em algumas centenas de anos e, além disso, a um sistema inspirado pela economia, assim como os inventários escritos nas tábuas de argila de Uruk. Contudo, essas conclusões são duvidosas. Embora a presença da contabilidade nas etiquetas seja inegável, a existência de um sistema de escrita não está provada, e a ligação com os hieróglifos é especulação. No momento, simplesmente não há como ter certeza do uso e do significado precisos desse limitado repertório de sinais primitivos, ou de como eles podem estar ligados aos hieróglifos posteriores; e não há nada nos sinais que exija uma leitura fonética baseada na língua egípcia. A menos que uma quantidade muito maior de material seja descoberta pelos arqueólogos, é improvável que haja um consenso sobre o significado das inscrições de U-j, a não ser pelo fato de que elas precedem no tempo todas as outras escritas encontradas no Egito.

A origem da escrita propriamente dita

As escritas na tábua de Uruk e nas etiquetas de osso de U-j não são uma escrita propriamente dita, mas sim uma

4. Estas etiquetas feitas de osso da tumba U-j em Abidos, que datam de cerca de 3200 a.C., são o grupo mais antigo de artefatos conhecidos no Egito até o momento. Alguns estudiosos acreditam que os pictogramas nas etiquetas foram precursores do sistema de escrita com hieróglifos posterior, que surgiu em algum momento entre 3100 e 3000 a.C.

forma desenvolvida de protoescrita. Até onde sabemos, nenhum desses sinais expressa os valores fonéticos da língua falada no Egito ou na Suméria no final do quarto milênio, diferentemente das escritas cuneiforme e hieroglífica do milênio seguinte – com a possível exceção dos sinais que podem ser lidos como "Kushim". Os numerais e os pictogramas, tais como os que mostravam a cevada e os pássaros, podem ser lidos em qualquer língua, e não apenas por sumérios ou egípcios.

Algum tempo depois da criação desses primeiros trechos de escrita e antes do surgimento das escritas cuneiforme e hieroglífica, que foi datado entre 3100 e 3000 a.C., houve o surgimento da escrita propriamente dita. O conceito de rébus foi inventado (não sabemos como). É ele que permite que as palavras sejam escritas de modo que as partes que as formam não possam ser representadas de maneira pictográfica. O rébus – que vem da palavra latina que significa "de coisas" – permite que as partes de qualquer palavra falada, incluindo conceitos abstratos, sejam escritas em sinais. Com o princípio de rébus, os sons puderam ser transformados em algo visível de maneira sistemática e os conceitos abstratos puderam ser simbolizados.

Os rébus são conhecidos hoje na escrita de quebra-cabeças e também nas mensagens eletrônicas de texto. Por exemplo, Lewis Carroll, autor de *As Aventuras de Alice no País das Maravilhas*, gostava de escrever cartas em forma de rébus para seus amigos crianças. Uma das suas cartas-enigma de palavras tinha pequenas ilustrações de um veado no lugar de "querido"[1], um olho para "eu"[2] e uma mão para "e".[3] Meu sobrenome, Robinson, poderia ser escrito como um rébus usando a imagem de um tordo[4] seguido pela imagem de um sol[5]; e meu primeiro nome, Andrew, poderia

---

1. Deer e dear, respectivamente, em inglês.
2. *Eye* e *I*, respectivamente, em inglês.
3. *Hand* e *and*, respectivamente, em inglês.
4. *Robin*, em inglês.
5. *Sun*, em inglês.

(com boa vontade) ser escrito como a imagem de uma mão para "And", seguida por um lápis fazendo um desenho[1], significando "drew". Usando ainda exemplos da língua inglesa, a imagem de uma abelha[2] com a imagem de uma bandeja[3] poderia significar "trair"[4], enquanto que a imagem de uma abelha com o número quatro[5] poderia representar "antes".[6]

Entre os rébus antigos estão um tábua suméria de contabilidade de cerca de 3000 a.C. O sinal no canto superior esquerdo é um pictograma representando a palavra suméria para "junco", pronunciada *gi*. Porém, nessa tábua, o sinal não significa "junco", mas é um rébus para "reembolsar", um conceito abstrato que também era pronunciado como *gi* em sumério. "Junco" e "reembolsar" eram homófonos – tinham o mesmo som – em sumério, assim como "cem" e "sem" em português. Nos hieróglifos egípcios, que são repletos de rébus, o pictograma para "sol", ☉, pronunciado *r(a)* ou *r(e)*, significa tanto o deus sol Rá quanto o primeiro sinal do nome do faraó conhecido como Ramsés (em sua antiga pronúncia grega) escrito em hieróglifos.

Com certeza, a escrita propriamente dita é muito mais do que pictogramas e rébus. No entanto, foi essa combinação de ideias que, tenha sido ela inventada, descoberta ao acaso ou desenvolvida de modo gradual no quarto milênio antes de Cristo, permitiu que os sistemas de escrita começassem a expressar "todo e qualquer pensamento" possível em palavras faladas.

---

1. Em inglês, *draw* significa desenhar.
2. *Bee*, em inglês.
3. *Tray*, em inglês.
4. *Betray*, em inglês.
5. *Four*, em inglês.
6. *Before*, em inglês.

Capítulo 2

O DESENVOLVIMENTO E A DIFUSÃO DA ESCRITA

Uma vez que a escrita propriamente dita tenha sido inventada, descoberta acidentalmente ou evoluído – escolha a sua opção – na Mesopotâmia, ou talvez no Egito, ela então se difundiu dali para o mundo: a leste para a Índia, a China e o Japão, e a oeste para a Mesoamérica? Ou a escrita foi inventada de maneira independente em cada uma dessas primeiras civilizações do mundo, sem influências externas? Apesar de haver muita discussão, essa questão interessante ainda está para ser resolvida. Existem argumentos que apoiam tanto a origem única quanto as origens múltiplas.

De acordo com as evidências arqueológicas atuais, a escrita propriamente dita surgiu na Mesopotâmia e no Egito ao mesmo tempo, mais ou menos no século anterior a 3000 a.C. Porém, é provável que tenha começado um pouco antes na Mesopotâmia, devido à data da protoescrita nas tábuas de argila de Uruk, cerca de 3300 a.C., e à história de desenvolvimento urbano mais longa na Mesopotâmia se comparada com o vale do Nilo no Egito. Contudo, não podemos ter certeza sobre a data da inscrição histórica egípcia mais antiga, a placa de ardósia do rei Narmer, na qual seu nome está escrito em dois hieróglifos que mostram um peixe e um formão. A data da paleta de Narmer não é certa, mas provavelmente se situa entre 3150 e 3050 a.C. (A tumba de U-j em Abidos precede a paleta de Narmer, mas não contém nenhuma inscrição hieroglífica aceita por todos.)

Na Índia, a escrita data de cerca de 2500 a.C., com o surgimento de sinais complexos e lindamente inscritos em selos de pedra em cidades da civilização do vale do rio Indo, que foram descobertos na década de 1920. No entanto, como a escrita do vale do Indo permanece não decifrada, então não sabemos se os selos de pedra são escrita propriamente dita ou protoescrita. A maioria dos estudiosos supõe que se trate de escrita propriamente dita, dada a complexidade da civilização e dos selos de pedra, mas ainda não há provas. Curiosamente, a escrita propriamente dita mais antiga da Índia e aceita por todos é uma escrita completamente diferente, a escrita brahmi, que data apenas de 250 a.C., deixando um espaço sem escrita de talvez um milênio e meio após o desaparecimento da escrita do Indo em cerca de 1800 a.C.

Na China, a escrita propriamente dita surgiu primeiro nos chamados "ossos-oráculos" da civilização Shang, encontrados há cerca de um século em Anyang, no norte da China, e datados de 1200 a.C. Muitos de seus sinais têm uma semelhança inquestionável com os ideogramas chineses modernos e é uma tarefa razoavelmente fácil para os estudiosos lerem os ossos-oráculos em chinês. Todavia, há sinais muito mais antigos na cerâmica da cultura Yangshao, que datam do período entre 5000 e 4000 a.C., os quais podem ser possíveis precursores de uma forma mais antiga de escrita propriamente dita na China, ainda a ser descoberta; na verdade, restam muitas regiões da China a serem escavadas por arqueólogos.

Na Europa, a escrita propriamente dita mais antiga é a linear A, encontrada em Creta em 1900 em tábuas minoicas. A linear A data de cerca de 1750 a.C. Apesar de não ter sido decifrada, seus sinais parecem muito com uma escrita um pouco mais jovem, a linear B, que é sabidamente uma escrita propriamente dita; a linear B era usada para escrever uma forma arcaica da língua grega.

Na Mesoamérica, a escrita mais antiga é a olmeca, que pertencia à civilização olmeca, sofisticada do ponto de vista artístico, que existiu na região de Veracruz no Golfo do México. A primeira amostra convincente dessa escrita foi encontrada apenas no final da década de 1990 e datada em cerca de 900 a.C., mais de um milênio antes do surgimento da escrita hieroglífica dos maias na região de Yucatán. Apesar de a amostra olmeca ser muito pequena e a escrita não ter

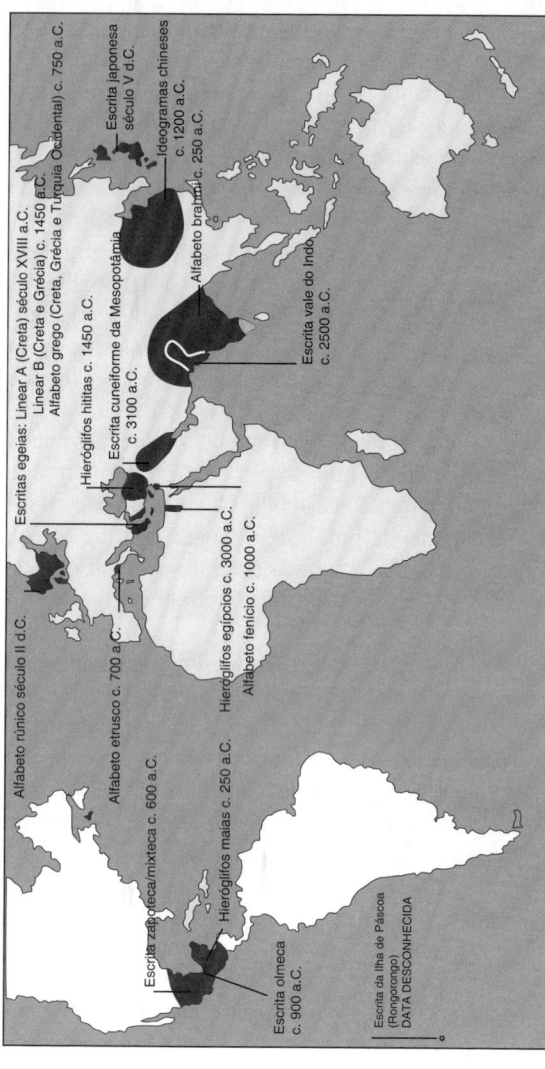

5. As primeiras civilizações de lugares como Mesopotâmia, Egito, Índia, Europa, China e Mesoamérica produziram tipos de escrita, tal como é mostrado no mapa. As datas são aproximadas e, em alguns casos, controversas.

sido decifrada, há razões para acreditar que se tratava de uma escrita propriamente dita – a primeira do continente americano.

Origem única versus origens múltiplas

Assim, temos as datas aproximadas da origem da escrita propriamente dita: Mesopotâmia 3100 a.C., Egito 3100-3000 a.C., Índia 2500 a.C., Creta 1750 a.C., China 1200 a.C., Mesoamérica 900 a.C. A partir dessa cronologia, parece lógico pressupor a ideia de que a escrita se difundiu de maneira gradual da Mesopotâmia para as outras culturas. O conceito de combinar pictogramas com o princípio de rébus pode ter sido emprestado e usado para criar um novo conjunto de sinais adequados para a linguagem falada por aqueles que tomaram a ideia emprestada. O empréstimo de escritas com graus variados de alterações nos sinais originais ocorreu em diversos períodos e regiões ao longo da história. Por exemplo, os etruscos do norte da Itália tomaram emprestado seu alfabeto básico dos gregos no século VIII a.C. e usaram-no para escrever a língua etrusca. Os japoneses tomaram emprestada a escrita em ideogramas da China para criar seu sistema de escrita ainda mais complexo durante o primeiro milênio depois de Cristo. No período colonial, entre os séculos XIX e XX, o alfabeto romano foi emprestado e modificado para escrever muitas línguas ao redor do mundo que até então não haviam sido escritas.

Olhando para leste, certamente a China poderia ter tomado emprestada a ideia da escrita da Mesopotâmia durante o terceiro/segundo milênio antes de Cristo ou depois, via as culturas da Ásia Central ao longo da Rota da Seda, e a partir daí desenvolvido seu conjunto único de ideogramas chineses. Só para comparar, a ideia de imprimir levou 600 ou 700 anos para chegar à Europa a partir da China, e a ideia do papel, que foi inventado na China no começo do século II d.C. ou antes, levou ainda mais tempo para se espalhar pela Rota da Seda até chegar à Bagdá do século VIII e depois alcançar a Europa no século XI. No subcontinente indiano, os comerciantes do vale do Indo certamente mantinham contatos comerciais com a Mesopotâmia por meio do Golfo Pérsico. As inscrições cuneiformes dão o nome mesopotâmico de Meluhha para o que parece ser o vale do rio Indo, e selos do Indo foram encontrados na Mesopotâmia. Houve muitas oportunidades para a civilização do Indo ter tomado emprestada a ideia da escrita do Oriente Médio.

Olhando para oeste, a Creta minoica é conhecida por ter mantido contato com os egípcios e talvez com as civilizações da Anatólia que beiravam o Mediterrâneo. Logo, é pos-

6. Este selo de pedra quebrado, com sinais não decifrados ao longo do alto que parecem ser escrita, é da civilização do vale do Indo e data da segunda metade do terceiro milênio antes de Cristo. Quem o encontrou apelidou-o de "Proto-Shiva", porque a figura "iogue" usando um adorno com chifres na cabeça lembrou-lhe a deusa hindu Shiva. Porém, não há nenhuma evidência para essa identificação.

sível imaginar a invenção de uma escrita minoica estimulada pelos hieróglifos e talvez pela escrita cuneiforme.

Na verdade, a forma de protoescrita minoica mais antiga, os pictogramas em selos anteriores à linear A, tem uma leve semelhança com os hieróglifos egípcios. Mais tarde, durante o primeiro milênio antes de Cristo, os gregos tomaram emprestado os sinais alfabéticos da escrita dos fenícios, com quem faziam comércio ao longo do Mediterrâneo. No que diz respeito à Mesoamérica, em tese a ideia da escrita poderia ter sido transmitida por meio do Oceano Atlântico em algum momento durante os dois milênios entre sua invenção no Velho Mundo e seu surgimento no Novo. Essa possibilidade certamente parece pouco provável, mas não é inconcebível devido às comprovadas longas viagens para oeste por meio do Oceano Pacífico em tempos pré-históricos que povoaram a Polinésia, até a remota Ilha de Páscoa, que provavelmente foi alcançada a partir das ilhas Marquesas, a quatro mil quilômetros de distância, durante os primeiros séculos depois de Cristo.

Por outro lado, deve-se dizer que não há evidências de nenhum empréstimo da Mesopotâmia por escribas na China, no vale do Indo, em Creta ou na Mesoamérica. Além disso, os sinais das escritas dessas regiões são extremamente diferentes uns dos outros – quase tão diferentes quanto a escrita cuneiforme e os hieróglifos egípcios. Mesmo no caso das civilizações muito mais próximas da Mesopotâmia e do Egito, não há evidência definitiva, apenas especulação acadêmica. Sabemos, por exemplo, que já em 3500 a.C. o lápis-lazúli havia chegado ao Egito, provavelmente do Afeganistão, sua fonte mais próxima e mais importante, que é muito mais distante do Egito que a Suméria. No momento, porém, tudo o que podemos dizer com certeza é que os sinais nas tábuas de argila de Uruk e nas etiquetas de osso da tumba de U-j em Abidos parecem ter se desenvolvido mais ou menos na mesma época, de maneira independente, para administrar as economias de suas respectivas culturas.

Como resultado disso, os especialistas em escrita estão divididos sobre a questão das origens. Durante grande parte do século XX, a moda era a "difusão estimulada" da escrita a partir da Mesopotâmia para o resto do mundo. Hoje em dia, com o fim dos impérios coloniais, a moda está mais para uma invenção independente. O otimismo, ou pelo menos o anti-imperialismo, prefere enfatizar a inteligência e a inventividade das sociedades humanas; os pessimistas, que têm uma visão mais conservadora da História, tendem a supor que os seres humanos preferem copiar o que já existe, o melhor que podem, restringindo suas inovações aos casos de absoluta necessidade. "Muitos estudiosos que trabalham com os sistemas de escrita antigos ficariam felizes com a proposta de que as escritas suméria, egípcia, chinesa e maia tivessem sido criadas como resposta a necessidades locais e sem estímulo de sistemas de escritas preexistentes de outro lugar", escreveu o especialista em cultura assíria Jerold Cooper em uma recente coleção de artigos intitulada *The First Writing* ("A Primeira Escrita").

Após analisar as origens das escritas mais antigas, agora veremos como cada uma delas se desenvolveu ao longo de sua existência, começando pela mais antiga, a cuneiforme.

Escrita cuneiforme

A escrita cuneiforme desenvolveu-se a partir dos pictogramas da "protoescrita cuneiforme" registrados em tábuas de argila em Uruk com a ponta bem afiada de uma caneta de junco. (Os numerais, por outro lado, eram feitos com a outra ponta da caneta, que era redonda.) O termo cuneiforme deriva de *cuneus*, a palavra latina para "cunha". Por volta de 2500 a.C., os pictogramas haviam se tornado sinais cuneiformes usados amplamente para escrever a língua dos sumérios; mais tarde, eles se transformaram na escrita dos impérios da Babilônia, da Síria e de Hitita; no império persa de Dario, por volta de 500 a.C., uma nova escrita cuneiforme foi inventada para escrever a língua persa, que aparece nas inscrições cerimoniais em Persépolis, a capital do império de Dario. A inscrição mais recente em escrita cuneiforme, da Babilônia, data de 75 d.C. Assim, a escrita cuneiforme foi empregada como sistema de escrita por cerca de três mil anos – um tempo consideravelmente mais longo do que o atual alfabeto romano e quase tanto tempo quanto os hieróglifos egípcios e os ideogramas chineses.

Impressa na argila ou inscrita em metal, marfim, vidro ou cera, mas raramente escrita à tinta, até onde sabemos, a escrita cuneiforme deu uma história à antiga Mesopotâmia. Governantes como Sargão da Acádia, Hamurabi da Babilônia e o rei assírio Senaquerib falam conosco por meio de suas inscrições cuneiformes. Hamurabi, o sexto governante da primeira dinastia da Babilônia, governou um império entre 1792 e 1750 a.C. e é mais conhecido por seu grande código legal, inscrito em escrita cuneiforme da Babilônia em uma estela de diorito no templo mais importante da Babilônia e agora mantido no museu do Louvre, em Paris. O código contém 282 casos legais que se relacionam com direito econômico, familiar, criminal e civil. Um deles afirma: "Se um homem esconder em sua casa um escravo fugitivo que pertence ao estado ou a um cidadão particular e não o trouxer às dependências da corte pública, o mestre daquela casa deve ser trucidado". A dureza era típica do código, mas surpreendentemente era muito mais leve quando se tratava de mulheres e crianças, na tentativa de protegê-las de um tratamento arbitrário, da pobreza e da negligência. Ele ia muito além dos costumes tribais e não reconhecia disputas familiares, retribuições particulares ou casamento por captura.

Contudo, ainda restam períodos de tempo difíceis de resolver nos registros cuneiformes, para os quais nenhuma tábua ou inscrição foi encontrada. Tendemos a acreditar que a atividade econômica estava em baixa nesses períodos. Na verdade, deve ter sido o contrário: estes devem ter sido tempos de paz e prosperidade. Diferentemente dos períodos de conflito e guerra – uma das atividades favoritas dos babilônios, assírios e persas –, talvez durante esses espaços de tempo nenhuma biblioteca cuneiforme tenha sido queimada, razão pela qual nenhum arquivo de tábuas de argila valioso tenha sido acidentalmente assado para a posteridade.

Com a descoberta, a partir da metade do século XIX, de um grande número de tábuas de muitos períodos da história da Mesopotâmia e a contínua decifração da escrita cuneiforme usada para escrever línguas como o sumério, o acádio, o babilônio, o elamita e o assírio, a evolução de certos sinais poderia ser compreendida pelos estudiosos. As primeiras tábuas numéricas de Uruk eram vistas como tendo sido substituídas inicialmente por sinais feitos com cunhas que ainda lembravam os sinais pictográficos; estes, por sua vez, tornaram-se cada vez mais abstratos; na época do império assírio no primeiro milênio, os sinais não tinham mais quase nenhuma semelhança com os seus progenitores pictográficos.

Em algum ponto do final do terceiro milênio antes de Cristo ou no começo do segundo, os sinais em evolução passaram por uma mudança de direção. Os pictogramas das tábuas de argila foram girados em 90 graus, de modo que ficaram deitados de costas. Aconteceu o mesmo com a direção geral da escrita (apesar de ainda muitas vezes ser dividida em colunas, como em um jornal moderno). Além disso, em vez de serem escritos da direita para a esquerda, agora a escrita era feita da esquerda para direita. Porém, os monumentos de pedra continuaram a ser escritos na mesma orientação que a escrita antiga até a metade do segundo milênio. Então, para ler o código de Hamurabi, era preciso deitar a cabeça sobre o ombro direito (virando os olhos em 90 graus).

A data dessa mudança é vaga e sua motivação não está clara. Alguns estudiosos propuseram que ela aconteceu porque a escrita da direita para a esquerda tendia a apagar os sinais por causa da pressão da mão direita. Na verdade, isso não acontece com argila de boa qualidade. Uma razão mais provável é que os escribas consideraram a nova orientação mais cômoda à maneira como eles seguravam a tábua e a caneta. Experiências com uma tábua e uma caneta sugerem isso. Nas palavras do especialista em escrita cuneiforme Marvin Powell, "desde o início, deve ter havido uma tendência forte a *escrever* na tábua em um ângulo diferente do qual ela era lida".

Hieróglifos egípcios

Diferentemente da escrita cuneiforme, a pictografia continuou a ser parte integral da escrita hieroglífica egípcia, desde o seu começo antes de 3000 a.C. até a sua última inscrição feita no portão de Adriano na ilha de Filas, perto de Assuã, em 394 d.C. No entanto, logo após 2700 a.C., a escrita hierática cursiva desenvolveu-se a partir dos hieróglifos e continuou em paralelo a eles. Ambas escreviam a mesma língua, mas os hieróglifos eram usados essencialmente para monumentos religiosos e fins funerários, em pedra ou papiro, enquanto a escrita hierática, mais rápida, era usada principalmente para fins administrativos e comerciais (o que é confuso, pois seu nome soa sagrado) no papiro. Então, após 650 a.C., uma terceira escrita, demótica, desenvolveu-se a partir da hierática. A demótica assumiu o papel da hierática na administração e no comércio, ao passo que a hierática tornou-se a escrita dos sacerdotes, como seu nome sugere, e passou a ser usada em questões religiosas e funerárias. A demótica também era usada, diferentemente da hierática, em monumentos, como a Pedra Roseta (196 a.C.). Mas ela não tinha nada a ver com a disseminação da alfabetização "para as pessoas" sugerida pelo seu nome: "demótico" vem de *demotika*, termo grego para "[escrita] em uso comum" – diferente, é claro, dos hieróglifos monumentais.

Os hieróglifos egípcios eram escritos e lidos tanto da direita para a esquerda quanto da esquerda para a direita. Não importa qual fosse a direção escolhida, os signos individuais ficavam virados de tal forma que os olhos do leitor passavam por eles de frente para trás. Assim, se alguém observa uma linha de hieróglifos e vê os sinais (pássaros, seres humanos, animais, etc.) virados para a direita, então a direção da escrita é da direita para a esquerda – e vice-versa. No entanto, os egípcios normalmente escreviam da direita para a esquerda, a menos que tivessem uma razão muito forte para escolher uma direção específica. Entre as razões para escolher escrever da esquerda para a direita estavam o apelo estético e a simetria, a demonstração de respeito a imagens de deuses, reis e outros, e a facilidade física de leitura.

Um bom exemplo é o chamado falso batente de Khut-en-Ptah – "falso" porque o batente esculpido na verdade é sólido. Em uma tumba egípcia, batentes como este marcavam o limite entre o domínio fechado e proibido dos mortos e a área relativamente acessível em que amigos e familiares do falecido podiam rezar e fazer oferendas. O falecido Khut-en-Ptah é mostrado duas vezes na parte inferior esquerda do batente e duas vezes à direita, em ambos os casos olhando para dentro. As colunas de hieróglifos diretamente acima de suas imagens também estão voltadas para dentro; aquelas à direita são, portanto, imagens espelhadas das que estão à esquerda (apesar de não estarem exatamente na mesma ordem). O escultor, porém, cometeu um erro, entalhando um sinal que mostrava um cesto com uma alça de um lado do mesmo jeito tanto do lado direito quanto do lado esquerdo do batente, em vez de se lembrar de inverter a alça do lado direito, como numa imagem espelhada.

A simetria é agradável e também a maneira natural como uma "pessoa" que atravessa o falso batente veria e leria os hieróglifos em ambos os lados: da direita para a esquerda, no lado esquerdo do batente, e da esquerda para a direita, no lado direito do batente. As linhas de hieróglifos acima da porta são, em contraste, lidas naturalmente em apenas uma direção e, por isso, foram escritas da direita para a esquerda.

Os antigos egípcios eram obcecados pela morte e pela vida após a morte. Eles tinham muitas versões do Livro dos Mortos, que começou a existir no século XVI a.C. Este consistia em feitiços religiosos escritos tanto em hieróglifos quanto em escrita hierática em rolos de papiro ricamente ilustrados; guardado na tumba do falecido, acreditava-se que o Livro dos Mortos garantiria a felicidade no outro mundo. A qualidade variava muito, de acordo com a riqueza do indivíduo nomeado no livro: alguns livros eram encomendados especialmente com uma seleção particular de textos e lindas ilustrações; outros eram cópias comuns, sem muito embelezamento, nos quais um espaço havia sido deixado para que o nome e os títulos do comprador fossem acrescentados. Em um dos exemplares mais refinados, datado entre 1000 e 800 a.C., que pertencia a um homem chamado Pawiaenadja, o falecido é representado derramando água fria sobre algumas oferendas empilhadas sobre um altar diante do deus Osíris. Seu nome aparece na última coluna de hieróglifos acima de sua cabeça. Aparentemente ele significa "a barca sagrada do menino". O "menino" é representado tanto de forma fonética quanto literal por um hieróglifo que mostra uma criança apontando o dedo para a sua boca, que está virado para a esquerda; o sinal hierático derivado e parecido que está do lado oposto da ilustração mostra a criança olhando para a direita.

Linear A e B

Na *Odisseia*, Homero refere-se a Creta – "adorável, fértil e cercada pelo oceano" – e a suas noventa cidades, entre elas a "imponente Cnossos". Certa vez, seu rei foi Minos, "que a cada nove anos se aconselhava pessoalmente com Zeus". Cerca de dois milênios e meio depois de Homero, em 1900, o arqueólogo Arthur Evans começou a escavar e reconstruir o sítio da antiga Cnossos na parte norte do centro de Creta. Ele descobriu o que acreditava ser o palácio do rei Minos, com seu famoso labirinto, lar do minotauro. Também descobriu dois tipos novos de escrita – as escritas mais antigas da Europa.

"Escrita linear de classe B" foi o nome que Evans deu aos signos bastante primitivos entalhados em tábuas de argila que descobriu logo após o começo das escavações. O termo "classe B" foi usado para distinguir os sinais de outros bastante parecidos, mas ainda assim diferentes, em tábuas arqueologicamente mais antigas que Evans havia nomeado de "escrita linear de classe A". Apesar de terem sido encontradas em Cnossos junto com a linear B, a maior parte das tábuas de linear A veio inicialmente de outro palácio minoico escavado (não por Evans) no sul de Creta, em Hagia Triada.

O termo "linear" foi usado não porque os sinais estavam escritos em sequência, mas porque eram feitos de linhas inscritas na superfície plana de argila, talvez com um espinho ou uma ponta de bronze. Havia uma mistura principalmente de sinais abstratos e numéricos com alguns pictogramas mais simples, como, por exemplo, "homem", "trípode", "ânfora", "lança", "carruagem" e "roda". Essa escrita era bem diferente das imagens tridimensionais entalhadas de uma terceira escrita pictográfica antiga de Creta, encontrada principalmente em selos de pedra e apenas na parte oeste da ilha, à qual Evans deu o apelido de "hieroglífica", mas que não se parecia muito com a escrita egípcia.

As tábuas de linear A e B eram objetos pouco atraentes aos olhos de um leigo, ao contrário das inscrições hieroglíficas egípcias e muitas das inscrições cuneiformes. Eram simples registros burocráticos do palácio, preservados acidentalmente por um incêndio, que deveriam durar alguns anos e não para a posteridade. Elas nos lembram de quantas escritas dessas antigas civilizações devem ter se perdido e voltado ao pó. Pedaços de argila planos e macios, sua cor geralmente era de um cinza monótono, mas, às vezes, de um vermelho tijolo (resultado de uma maior oxidação quando a tábua era queimada); seu tamanho variava de pequenos selos e etiquetas com pouco mais de dois centímetros e meio até tábuas pesadas do tamanho de uma página criadas para serem pegas com uma mão, sendo que a maior tábua de linear B é tão grande quanto um livro comum.

De acordo com os registros arqueológicos disponíveis para Evans, a escrita hieroglífica de Creta era a mais antiga das três, datando principalmente entre 2100 e 1700 a.C.; a linear A pertencia ao período entre 1750 e 1450 a.C., enquanto a linear B era um pouco posterior à linear A. Por isso, Evans chegou à conclusão de que as três escritas escreviam a mesma língua "minoica" nativa de Creta e que a linear B havia se desenvolvido a partir da linear A, que por sua vez provavelmente havia se desenvolvido a partir da escrita hieroglífica mais antiga – tomando como base o fato de que as escritas egípcias mais recentes, como a hierática e a demótica, haviam derivado dos hieróglifos egípcios e de que todas elas escreviam uma língua egípcia. Essa noção era consistente com a ideia, prevalecente na época de Evans, de que os sistemas de escrita sempre se desenvolveram a partir de pictogramas como os "hieróglifos" de Creta e tornaram-se sinais comparativamente mais abstratos, como a maioria dos sinais da linear A e B.

Hoje em dia, essa imagem simplista da descendência da escrita cretense foi abandonada. A linear B foi decifrada na década de 1950 (após a morte de Evans) e demonstrou escrever o grego arcaico, e não uma nova língua minoica. A linear A foi decifrada parcialmente, mas parece escrever uma língua desconhecida – possivelmente de origem cretense –, então não é possível lê-la. A escrita hieroglífica dos selos permanece quase inteiramente misteriosa e costuma ser vista como protoescrita, e não como uma língua propriamente dita, como no caso da linear A e da linear B. Além disso, as três escritas foram encontradas fora de Creta, perto da região Egeia (e até mesmo na Anatólia), e suas datas parecem agora se sobrepor. Enquanto a hieroglífica permanece certamente sendo a escrita mais antiga, a linear A a segunda mais antiga e a linear B a mais jovem, sabemos que a hieroglífica coexistiu com a linear A por algum tempo, o mesmo acontecendo com a linear A e a linear B. Os estudiosos não postulam mais uma linha direta de descendência pura em Creta: a linear A e a linear B podem ser primas entre si, em vez de a primeira ser mãe da segunda.

As últimas inscrições em linear B, encontradas no antigo palácio destruído de Pilos no continente grego, datam de cerca de 1200 a.C. Este foi o início da chamada Era das Trevas de aparente analfabetismo, que inclui a Guerra de Troia descrita por Homero na *Ilíada*. Quando a escrita surgiu novamente na Grécia no século VIII após um intervalo de quase quatrocentos anos, já tinha a forma do alfabeto grego, sem relação nenhuma com a linear B.

Ideogramas chineses

Faz muito tempo que se defende a grande antiguidade dos ideogramas chineses, mas apenas em 1899 é que se descobriu uma antiga escrita chinesa confiável. Ela estava na forma dos chamados ossos-oráculos. Durante muitos anos antes disso, as tradicionais lojas de medicina chinesa em Beijing vendiam "ossos de dragão", que na verdade eram antigas carapaças de tartaruga e escápulas de boi desenterradas pelos arados dos fazendeiros em um vilarejo perto da cidade de Anyang, na província de Henan, ao norte. Sinais eram frequentemente encontrados entalhados na superfície desses objetos; eles costumavam ser apagados com uma lâmina pelos fazendeiros antes de os ossos serem vendidos, pois eram considerados inapropriados para os ossos de dragão. Os sinais, no entanto, eram de grande interesse para dois estudiosos em Beijing, Wang Yirong e Liu E, que reconheceram que alguns sinais eram parecidos com os ideogramas em antigas inscrições em bronze. Eles compraram todos os fragmentos de carapaça e de ossos que conseguiram encontrar em lojas de medicina da capital e publicaram decalques das inscrições.

Descobriu-se que "os ossos de dragão" eram a escrita chinesa mais antiga. Eles são registros de oráculos feitos pelos doze últimos reis da dinastia Shang, que reinaram entre 1400 e 1200 a.C. Quando aquecidas, as carapaças de tartaruga e as escápulas de boi rachavam de maneira particular, e as rachaduras eram lidas pelos oráculos. Uma inscrição relativamente comum do reinado de Wu Ding, sobre partos, poderia ser assim traduzida: "O rei, lendo as rachaduras, diz: 'Se for um parto no dia "ding", será bom. Se for um parto no dia *geng*, será extremante favorável'." Na verificação, lê-se: "No dia trinta e um, *jia-yin* (dia 51), ela deu à luz. Não foi bom. Era uma menina".

À primeira vista, um chinês alfabetizado, sem conhecimento sobre a escrita antiga, provavelmente consideraria grande parte da inscrição em um osso-oráculo incompreensível; porém, após um pouco de estudo, as conexões começariam a surgir. Ainda assim, grande parte dos sinais de Shang não tem descendentes modernos, assim como muitos ideogramas chineses modernos não têm ancestrais em Shang.

Dos 4.500 sinais encontrados até hoje, cerca de mil foram identificados, e em muitos casos sua evolução foi traçada ao longo de três milênios até um ideograma moderno.

Alguns desses ideogramas modernos são pictográficos em sua origem, baseados em pictogramas de Shang de uma mulher, uma boca, uma montanha, um rio ou uma árvore, por exemplo. Contudo, a proporção de pictogramas é muito menor do que normalmente se sugere. Ninguém duvida de que a pictografia foi importante nas origens dos ideogramas chineses, mas certamente *não* era o princípio norteador na formação desses primeiros sinais. Não se pode dizer que os ideogramas chineses modernos tenham uma origem basicamente pictográfica; e mesmo aqueles que em certo momento foram definitivamente pictográficos podem apresentar uma iconicidade imperceptível.

As mudanças no estilo da escrita de determinado ideograma refletem períodos da história da China. A dinastia Shang foi seguida pela duradoura dinastia Zhou, na qual a escrita do Grande Selo floresceu. Do ponto de vista político e administrativo, no entanto, este foi um período de grande desunião. Os ideogramas foram criados por escribas que viveram em diferentes períodos históricos e falavam dialetos diferentes: a consequência foi complicar consideravelmente o uso do foneticismo na escrita chinesa. Com o estabelecimento do império unificado de Qin em 221 a.C., uma reforma ortográfica foi introduzida junto com a escrita do Pequeno Selo. Esta última permaneceu em uso até a década de 1950, quando os governantes comunistas da China introduziram a atual escrita Simplificada, ainda controvertida.

A ilustração mostra a evolução de dois ideogramas chineses desde a escrita Shang até a Simplificada. Ambos são pictográficos, mas de maneiras diferentes: o primeiro ideograma, *lái*, significa "vir" e deriva por meio de rébus da palavra homófona para "trigo" (que é a forma arcaica que ele apresenta); o segundo ideograma, *mă*, significa "cavalo". A escrita do Grande Selo era o estilo da dinastia Zhou (c. 1028-221 a.C.), a escrita do Pequeno Selo, da dinastia Qin (221-

7. Os ideogramas chineses em inscrições nos ossos-oráculos da civilização Shang, de cerca de 1200 a.C., em muitos casos guardam grande semelhança com os modernos ideogramas chineses. Eles são registros de oráculos reais.

	Shang	Grande Selo	Pequeno Selo	Escribas	Comum	Simplificado
"vir"	来	来	来	來	來	来
"cavalo"	馬	馬	馬	馬	馬	马

8. A evolução de dois ideogramas chineses ao longo de três mil anos mostra como esses ideogramas que eram originalmente pictográficos tornaram-se mais abstratos com o tempo. Veja o texto para uma explicação mais detalhada.

206 a.C.), e a escrita dos Escribas e a Comum eram estilos da dinastia Han (206 a.C.-220 d.C.)

Ao longo de mais de três mil anos, o número de ideogramas chineses aumentou drasticamente dos 4.500 encontrados no período Shang. Na dinastia Han, havia quase dez mil, apesar da reforma da dinastia Qi; por volta do século XII, havia 23 mil; no século XVIII, havia quase 49 mil ideogramas – muitos dos quais, certamente, variantes e formas obsoletas. Desses, 2.400 são suficientes para ler 99% dos textos atuais. A aparência geral dos ideogramas mudou de maneira considerável ao longo do tempo, e vários ideogramas individuais sofreram contração na forma, o que confundiu a visão de como determinados ideogramas chegaram a ter o significado que têm, tomando-se como base suas partes constituintes. Mesmo assim, os princípios básicos com os quais os ideogramas chineses foram construídos permanecem inalterados.

Escrita mesoamericana

A civilização olmeca surgiu por volta de 1200 a.C. na costa do golfo do México e floresceu até 400 a.C.: a primeira civilização desenvolvida da Mesoamérica. Os motivos olmecas na cerâmica e em outras mídias, e alguns poucos sinais que podem ser vistos como se fossem glifos, foram percebidos por arqueólogos durante alguns anos, mas eles não encontraram nenhuma inscrição que sugerisse a existência de uma escrita propriamente dita. Parece que os olmecas, assim como os incas, que viveram muito mais tarde, não tinham escrita.

Então, em 1999, operários de uma estrada em construção que extraíam material de uma velha colina em Cascajal no istmo de Tehuantepec viram um bloco de pedra inscrito de maneira substancial, junto com fragmentos de cerâmica e estatuetas olmecas. Se o bloco tem a mesma idade que os artefatos que o acompanhavam, então ele data de 900 a.C. No entanto, a inscrição consiste de apenas 62 sinais, alguns dos quais repetidos – muito pouco para que sejam decifrados, especialmente porque nada se sabe com certeza sobre a língua olmeca falada. Alguns estudiosos questionam o fato de essa inscrição ser classificada como escrita propriamente dita, mas a maioria pensa que sim. Sete deles, que escreveram na revista *Science* em 2006-2007 depois de um estudo exaustivo do bloco, concluíram que este é "o exemplo mais antigo de escrita no Novo Mundo e está entre os achados mais importantes já feitos na Mesoamérica".

O legado olmeca teve grande influência na Mesoamérica, sobretudo no que diz respeito à religião. Contudo, uma relação entre a escrita olmeca e os sistemas de escrita mesoamericanos subsequentes, apesar de possível, não está clara. Mais de uma dúzia dessas escritas posteriores foram identificadas pelos estudiosos. As mais significativas delas no período posterior à civilização olmeca são as seguintes: a escrita zapoteca, que talvez date de 600 a.C., mas provavelmente é posterior a isso; a escrita ístmica (também conhecida como epiolmeca, já que vem da mesma região da civilização olmeca), que data por volta do século II d.C.; e os glifos maias, a escrita mais importante. Apesar de a inscrição maia mais antiga ser do século III d.C., é quase inconcebível que uma escrita tão complexa não tenha tido um período de gestação e desenvolvimento durante os séculos anteriores. De acordo com várias linhas de evidências, parece que os maias tomaram a ideia da escrita – embora não os sinais em si – de escritas mais antigas da Mesoamérica.

Capítulo 3

O desaparecimento da escrita

O nascimento e o desenvolvimento da escrita têm sido o foco de mais estudos do que a morte da escrita. Ainda assim, sabe-se mais sobre a morte da escrita do que sobre o nascimento dela. Esse conhecimento mostra que nenhuma teoria pode englobar por que a escrita surge ou desaparece. Comércio, cultura, língua, política, prestígio, religião e tecnologia, em diversas combinações, todos esses fatores estão envolvidos na sobrevivência e no desaparecimento da escrita. "Sua perda pode ser tão reveladora quanto seu surgimento", comentou o egiptólogo John Baynes em uma recente coleção de artigos intitulada *The Disappearence of Writing Systems* (O desaparecimento dos sistemas de escrita).

Na antiguidade, uma mudança sísmica no poder político e no prestígio cultural do Egito causou o declínio da escrita hieroglífica e demótica e a adoção de um novo sistema de escrita. O Egito foi conquistado em 332 a.C. por Alexandre, o Grande, que fundou Alexandria, e então foi governado pela dinastia ptolomaica que falava grego e usava um alfabeto; por isso há inscrições do alfabeto grego na pedra de Roseta, ao lado dos hieróglifos e da escrita demótica. No entanto, as escritas egípcias não foram abolidas. Pelo contrário, os hieróglifos foram lentamente marginalizados por um fluxo de mudanças em termos de política, língua, escrita e religião. Após a morte de Cleópatra, a última governante ptolomaica, em 30 a.C., o Egito tornou-se uma província do império romano, que escrevia em escrita romana; a difusão do cristianismo no Egito deu origem à igreja copta, que escrevia em alfabeto copta; e, no século VII d.C., o Egito foi conquistado pelos árabes que escreviam em escrita árabe do Islã. Todas essas mudanças políticas, linguísticas, religiosas e culturais fossilizaram os hieróglifos.

Em tempos modernos, uma mudança de alcance tão grande na política e no prestígio cultural foi novamente responsável por uma grande mudança na escrita na Turquia. Mas ali a escrita existente foi abolida sumariamente, em vez de ser gradualmente substituída. Em 1928, o fundador do estado secular turco, Kemal Atatürk, baniu a escrita árabe que havia sido usada durante o império otomano para escrever a língua turca. Para o governo e a educação, Atatürk instituiu uma forma modificada do alfabeto romano, como parte do seu desejo de modernizar a Turquia, aproximar sua cultura da Europa e distanciá-la do mundo islâmico vizinho. Hoje em dia, poucos turcos são capazes de ler o turco otomano em escrita árabe, e muito em breve essa combinação de língua e escrita deixará de ser entendida, a não ser pelos estudiosos. Nos séculos que estão por vir, talvez até precise ser decifrada, como um hieróglifo egípcio.

Na China do século XX, por outro lado, quando outro líder poderoso, Mao Zedong, propôs romanizar a escrita chinesa para poder difundir a educação entre as massas e modernizar a nação, ele foi forçado por literatos conservadores a aceitar uma reforma limitada e combinada. Mao fez sua proposta pela primeira vez em 1930, antes da fundação da República Popular da China, em 1949. Em 1955, o governo comunista introduziu a escrita com ideogramas simplificados e, em 1958, um sistema fonético romanizado em paralelo, *pinyin* (que significa "som da letra"). Esse acordo aconteceu por causa do extraordinário prestígio dado à escrita chinesa clássica, como resultado de sua antiguidade chegar até a civilização Shang, da sua longa herança literária e da sua tradição artística da caligrafia única; na verdade, Mao era considerado um bom calígrafo. Apesar das dificuldades evidentes para escrever os ideogramas chineses – tanto para os falantes nativos quanto para os estrangeiros –, sem falar do desafio de computadorizá-los, é improvável que a escrita em ideogramas desapareça logo, seja na China, seja no Japão. Na Coreia, porém, os ideogramas chineses estão aos poucos dando espaço para o alfabeto hangul inventado pelo rei Sejong e seus estudiosos na década de 1440. Banido durante a ocupação japonesa da Coreia entre 1910 e 1945, desde então o hangul tem sido aceito universalmente como a escrita nacional da Coreia, apesar de os ideogramas chineses (conhecidos como "hanja") ainda serem ensinados nas escolas tanto na Coreia do Norte quanto na do Sul.

Com exceção dos ideogramas chineses, as escritas de todas as grandes civilizações antigas – a cuneiforme da Mesopotâmia, os hieróglifos egípcios, a escrita do Indo, as linear A e B, os glifos mesoamericanos – acabaram desaparecendo em termos de uso, como sabemos. Depois disso, muitas outras escritas morreram, dentre as quais as mencionadas a seguir são especialmente importantes.

A escrita fenícia da região do Mediterrâneo, que era extremamente influente durante o primeiro milênio antes de Cristo e que deu origem ao alfabeto grego, desapareceu no primeiro século antes de Cristo depois que os romanos destruíram a capital fenícia de Cartago em 146 a.C. O alfabeto etrusco do norte da Itália gradualmente deu espaço para o alfabeto latino com crescimento de Roma nos últimos séculos antes de Cristo. A escrita kharosthi do noroeste da Índia, primeiramente usada pelo imperador Ashoka junto com a escrita brahmi no século III a.C., foi abandonada com a queda do império Kushan no século III d.C. A escrita aramaica do Oriente Médio, usada por muitos povos e impérios no primeiro milênio antes de Cristo, incluindo os autores dos Manuscritos do Mar Morto, deu espaço para a escrita árabe com o surgimento do Islã no século VII. Os hieróglifos meroíticos de Núbia no Sudão, que eram a escrita do reino de Cushe centrado na cidade de Meroé e que usavam sinais baseados nos hieróglifos egípcios, desapareceram por volta do século IV d.C. com a desintegração de Cushe. A escrita glagolítica do século IX, usada para traduzir a Bíblia para o búlgaro antigo, foi substituída no século XII pelo alfabeto cirílico, a escrita da igreja ortodoxa, usada hoje na Rússia. A escrita phags-pa, um alfabeto criado a partir da escrita tibetana por um sábio tibetano conhecido como Phags-pa Lama, foi inventada em 1269 a pedido do imperador mongol Kublai Khan para que fosse possível escrever em mongol por todo o seu império, o que na época incluía a China. Contudo, os oficiais chineses de Kublai Khan foram resistentes (como aconteceu com os oficiais de Mao Zedong na década de 1950), assim como os chineses e os mongóis comuns. A escrita phags-pa não pegou: sua última inscrição conhecida data

9. Os Manuscritos do Mar Morto, textos legais e religiosos que datam de entre o século I a.C. e I d.C., foram encontrados em cavernas na Palestina durante meados do século XX. Eles estão escritos em hebreu e aramaico, uma língua que foi amplamente usada no Oriente Médio por um milênio durante os séculos antes e depois do nascimento de Cristo – usando a antiga escrita hebraica e a escrita judaica, um dos desdobramentos da escrita cursiva aramaica.

de 1352. Menos importante, porém ainda assim intrigante, é a morte da escrita rongorongo da remota Ilha de Páscoa na metade do século XIX, após talvez menos de um século de uso, por razões que ainda não estão claras.

As Américas, a Austrália, a região do Pacífico, grande parte da Europa e muitas regiões da África usam hoje o alfabeto romano. Apenas o mundo árabe e a maioria dos países asiáticos preferem escritas não romanas (apesar de, na prática, o sul da Ásia tratar o alfabeto usado para escrever inglês como uma escrita universal). Pode parecer que o alfabeto romano atingiu a imortalidade negada a todas as escritas anteriores. Ainda assim, a partir das evidências do desaparecimento anterior de escritas, a contínua dominação do alfabeto romano não pode ser tomada como definitiva durante o atual milênio.

O declínio da escrita cuneiforme

Os séculos finais da escrita cuneiforme, e seu desaparecimento de uso por volta da época de Cristo, são complicados. Por exemplo, um selo de Dario I, o rei persa que reinou entre 521 e 486 a.C., que apresentava três línguas escritas em cuneiforme – persa antigo, babilônio e elamita – foi descoberto em Tebas, a principal cidade do Alto Egito (atual Luxor). Estudiosos acreditam que o objeto possa ter pertencido a um nobre persa que vivia no Egito. Isso faz sentido porque os persas conquistaram o Egito em 525 a.C. e dominaram o país desde a 27ª dinastia dos faraós até 404 a.C.

A inscrição mais famosa de Dario, vista como a "Pedra de Roseta da escrita cuneiforme" por causa de seu papel na decifração da escrita, é uma inscrição muito grande em Behistun. Ela é cortada em um despenhadeiro a mais de cem metros acima da estrada nas montanhas de Zagros no oeste do Irã, perto da pequena cidade de Behistun (atual Bisitun). Um baixo-relevo central mostra o rei Dario, abaixo do deus zoroastriano Ahura Mazda que flutua no ar, dominando uma sequência de reis prisioneiros que ele derrotou entre 522-

520 a.C. para assumir o trono do império persa. Em torno do relevo há grandes painéis em escrita cuneiforme, feita na pedra em persa antigo, babilônio e elamita. Mais de dois mil anos mais tarde, nas décadas de 1830 e 1840, um ousado oficial do exército britânico com uma paixão por línguas e decifração, Henry Creswicke Rawlinson, foi capaz de tirar moldes em papel machê das inscrições de Behistun usando escadas e uma plataforma presa com cordas com a ajuda de um "menino curdo selvagem" que se espremeu até uma fissura no rochedo e pregou estacas de madeira na pedra.

A escrita cuneiforme para o persa antigo provavelmente foi inventada sob as ordens de Dario apenas para fazer a inscrição de Behistun, pois parece não haver nenhuma inscrição anterior nesse tipo de cuneiforme. Ela é muito mais simples do que a cuneiforme usada para escrever as línguas da Mesopotâmia, como o babilônio e o sumério. O persa antigo utiliza um sistema que consiste de 36 sinais fonéticos. A maioria dos sinais têm três ou quatro marcações de cunha, com o máximo de cinco. As escritas cuneiforme da Mesopotâmia têm mais de cem sinais, com até vinte marcações. Não é difícil entender por que o vitorioso Dario comandou a criação de uma nova escrita para escrever sua própria língua imperial.

Mas por que Dario não escreveu todas as inscrições em persa antigo em escrita cuneiforme? Por que incluir versões paralelas em duas escritas em declínio, babilônio e elamita? E por que não há inscrições em aramaico, que havia se tornado a língua franca do Oriente Médio na metade do primeiro milênio antes de Cristo e uma importante escrita administrativa do império persa?

A razão parece ser que as escritas cuneiformes do babilônio e do elamita tinha muito prestígio aos olhos dos persas, enquanto o aramaico não. A Babilônia era a terra natal da escrita cuneiforme, com uma tradição escrita que remontava aos tempos de Hamurabi e até antes. Elam, na região sudoeste do Irã adjacente à Mesopotâmia com sua antiga capital em Susa, tinha uma tradição de escrita ainda mais antiga

10. A pedra em Behistun (Bisitun), no oeste do Irã, traz inscrições em três escritas cuneiformes, persa antigo, babilônio e elamita, o que muito ajudou na decifração da escrita cuneiforme no século XIX. O relevo e as inscrições datam do reinado de Dario, o rei persa (que reinou entre 521 e 486 a.C.) que está no meio do desenho.

que a Babilônia, chegando até as tábuas em protoelamita parcialmente decifradas que datam por volta de 3000 a.C. (apesar de não estar claro se essa era uma escrita propriamente dita ou não).

Tanto a Babilônia quanto Elam foram absorvidas pelo império persa no século VI a.C. A crescente redundância da cuneiforme na Babilônia após a conquista persa da Babilônia em 539 a.C. oferece um bom estudo de caso das múltiplas, e muitas vezes independentes, causas da obsolescência de uma escrita. Parece ter havido três causas principais para o desaparecimento gradual da escrita cuneiforme babilônica: econômica, linguística e administrativa.

Do ponto de vista econômico, a importância da escrita babilônica declinou quando o suposto plano de Alexandre de fazer da cidade a capital da Ásia, após vencer o império persa, não deu certo após sua morte em 323 a.C. A cidade também foi ultrapassada pelas novas rotas de comércio pelo deserto entre a Ásia e o Mediterrâneo, que se abriram com a domesticação do camelo como animal de carga. Selêucia, a cidade à beira do Tigre ao norte da Babilônia, fundada por um dos generais de Alexandre, Seleuco Nicator, substituiu a Babilônia como cidade de chegada na Mesopotâmia a partir do século III a.C. e depois disso. Na época do escritor romano Plínio, por volta de 50 d.C., a Babilônia havia se tornado "uma terra infértil, exaurida por sua proximidade com Selêucia". Assim, o uso da escrita cuneiforme babilônica em transações comerciais diminuiu.

Do ponto de vista linguístico, a escrita cuneiforme babilônica tinha desvantagens se comparada com as escritas alfabéticas. Ela era incômoda, requerendo centenas de sinais – uma mistura de sílabas e logogramas –, além de usar a argila como meio. Diferentemente dos alfabetos usados para escrever grego, fenício e aramaico, a escrita cuneiforme babilônica não podia ser escrita rapidamente, de maneira cursiva, ou de maneira prática com um pincel ou uma caneta e tinta em papiro ou outro material leve. Mesmo assim, a relação entre a escrita cuneiforme e os alfabetos não era direta.

A escrita cuneiforme às vezes era adaptada para escrever alfabetos. O exemplo mais antigo é o alfabeto cuneiforme inventado em Ugarit (atual Ras Shamra), na costa norte da Síria, no século XIV a.C. Uma das tábuas de argila de Ugarit mostra um "abecedário" de trinta sinais escritos em cuneiforme – presume-se que para treinar escribas aprendizes. A escrita cuneiforme ugarítica seria *nonsense* para um escriba babilônio.

Do ponto de vista administrativo, o império persa preferia cada vez mais a escrita aramaica à cuneiforme. O aramaico, originalmente uma língua semítica da antiga Síria, ganhou importância no Oriente Médio durante o primeiro milênio, assim como sua escrita. Além disso, era a língua vernácula de Jesus Cristo e seus apóstolos. Um relevo assírio do século VIII a.C. mostra dois escribas acompanhando guerreiros, um dos quais está escrevendo em cuneiforme e o outro em aramaico. No império persa, a escrita aramaica andava lado a lado com a cuneiforme como escrita administrativa, mas por fim a substituiu completamente.

No final, deixada de lado por mudanças na economia, nas línguas e na política, o último refúgio da escrita cuneiforme babilônica era a astrologia. Segundo o historiador David Brown, os escribas que escreviam nos templos em colapso da Babilônia ainda podiam, inclusive no século I d.C., "explorar em cuneiforme o mercado cada vez menor da astrologia babilônica fora de moda", mesmo não sendo capazes de escrever a escrita com uma letra elegante.

O eclipse do etrusco

Os etruscos eram os principais intermediários entre os gregos e os não gregos, ou "bárbaros", do oeste. Os gregos estabeleceram-se na Itália pela primeira vez por volta de 775 a.C., em Pithekoussai (atual Ísquia). Os fenícios já estavam estabelecidos na parte oeste da Sicília e da Sardenha, sendo aliados comerciais e políticos dos etruscos. A influência dos fenícios sobre os etruscos era importante, mas a cultura grega era a referência. Mais tarde, os etruscos transmitiram a cultura grega, incluindo seu alfabeto, para os seus vizinhos falantes de latim durante o crescimento de Roma. Assim, o alfabeto etrusco foi o caminho pelo qual o alfabeto romano se estabeleceu na Europa.

Os etruscos floresceram como um povo isolado por vários séculos até o século I a.C., quando foram de fato absorvidos pelo império romano em expansão. Na verdade, devemos uma quantidade considerável do nosso conhecimento sobre os etruscos às escritas latinas. Está claro que nunca houve um império etrusco, mas uma coleção solta de políticas individualistas e independentes, como nas cidade--estado gregas ou nas cidades toscanas do Renascimento. O que eles tinham em comum era sua língua e seus costumes, que eram diferentes dos outros povos da Itália e do Mediterrâneo – além do nome que usavam para se referir a si mesmos, *rasna*.

Os romanos tratavam os etruscos com verdadeiro respeito: em certa época, até enviavam seus filhos de Roma para os antigos centros de poder etrusco, como Caere (atual Cerveteri), onde eles provavelmente aprendiam as artes da adivinhação, a "disciplina etrusca", sob a tutela de um haruspíce etrusco. Havia um haruspíce etrusco em Roma chamado Spurinna, um conhecido nome etrusco, que alertou Júlio César contra os "idos de março"; em 408 d.C., os haruspíces etruscos ainda recitaram rezas e encantamentos em vão para salvar Roma de ser saqueada por Alarico, o rei dos godos. Contudo, apesar de os romanos terem preservado grande parte da tradição religiosa etrusca, que era útil para eles, mostravam pouco interesse pela literatura etrusca – preferindo a literatura grega, tanto no original quanto traduzida para o latim –, embora tenham tomado o alfabeto etrusco emprestado para escrever a sua própria língua.

O estudo cuidadoso do vocabulário latino indica que muitas palavras foram originalmente emprestas do etrusco. A maioria delas estava ligada à vida luxuriosa e à alta cultura – uma tradição que perdurou na Toscana durante a Renascença –, incluindo a escrita. Quatro exemplos que têm a ver com a escrita são as palavras *elementum* (letra do alfabeto), *litterae* (escrita), *stilus* (implemento de escrita) e *cera* (como a das tábuas de cera para tomar notas), que entraram no latim através da língua etrusca.

Infelizmente, a maior parte da língua etrusca é completamente desconhecida. O latim não tem nenhuma relação com ela (a não ser pelo empréstimo de palavras). Já foram feitos esforços para ligar o etrusco a qualquer outra língua europeia e a línguas como o hebreu e o turco, mas ele permanece isolado. Isso é especialmente irônico, porque a língua era escrita fielmente em alfabeto grego. Podemos facilmente ler as cerca de treze mil inscrições etruscas espalhadas pela região central da Itália, mas não conseguimos entender muito bem o que querem dizer – o que é, em todo caso, muitas vezes limitado a nomes de pessoas e lugares ou datas. Nosso conhecimento do etrusco é comparável ao conhecimento que teríamos do inglês se só tivéssemos acesso às lápides nessa língua.

As inscrições bilíngues latinas e etruscas, das quais existem cerca de trinta, apesar de muito curtas, forneceram algumas informações úteis sobre o etrusco, especialmente sobre a relação entre as cidades etruscas e Roma nos séculos II e I a.C., período durante o qual os etruscos perderam a sua independência e sua língua morreu aos poucos. Durante essa transição, ambas as línguas e as escritas estavam em uso. Porém, às vezes, tanto a versão em etrusco quanto a versão em latim eram escritas em escrita romana.

Um exemplo disso era a marcação bilíngue na sepultura de dois irmãos Arnth e Vel, escrita totalmente em letras romanas:

> **Etrusco:** "Arnth Spedo Thocerual clan"
> [Arnth Spedo filho de Thocerual]
> **Latim:** "Vel Spedo Thoceronia natus"
> [Vel Spedo filho de Thocerual]

11. A Tábua de Cortona, que data do século III ou II a.C., é a terceira inscrição etrusca mais longa. Encontrada na região de Cortona, no centro da Itália, na década de 1990, é feita de bronze e tem inscrições nos dois lados. (Aqui mostra-se o lado A.) O alfabeto etrusco é lido da direita para a esquerda e baseia-se no alfabeto grego. Foi, portanto, fácil para os acadêmicos lerem a escrita, mas como a língua etrusca é pouco conhecida, o conteúdo da Tábua de Cortona foi compreendido de maneira muito incompleta. No entanto, nomes, lugares e algumas palavras do vocabulário etrusco são claros. A tábua é o registro de um contrato entre a família Casu, à qual Petru Scevas pertence, e 15 outras pessoas, testemunhado por um terceiro grupo de nomes, entre eles alguns de seus filhos e netos. Ele está relacionado com uma venda ou um arrendamento de terras, incluindo um vinhedo, na planície do lago Trasimeno, não muito longe de Cortona.

A equivalência entre o etrusco *clan* e o latino *natus* (que significa "filho" em latim) é óbvia. Thoceru, o nome etrusco da mãe, torna-se Thoceronia na inscrição latina. No entanto, o nome de família Spedo é o mesmo nas duas lápides, mesmo que sua versão etrusca original provavelmente seja Spitu – conhecido de outras inscrições etruscas, enquanto Spedo é desconhecido em latim. Assim, um irmão, Arnth, o mais conservador, registra seu nome em etrusco (mas usando letras romanas), ao passo que o outro irmão, Vel, prefere pensar em si mesmo em termos latinos. Talvez Arnth fosse uma espécie de nacionalista etrusco, enquanto Vel abraçava a dominação romana.

Está claro que o desaparecimento do alfabeto etrusco difere do desaparecimento do cuneiforme babilônico em quase todos os aspectos. Contudo, mais importante do que isso, a escrita em si sobreviveu, diferentemente da cuneiforme, e foi usada para escrever uma nova língua. Do ponto de vista linguístico, foi eficiente como escrita para escrever o latim, apenas com pequenas modificações. Mudanças no comércio tiveram pouco a ver com o desaparecimento do etrusco, e as mudanças políticas também não foram muito relevantes, já que os etruscos nunca representaram uma força imperial. Talvez o único ponto significativo em comum é que ambas tinham prestígio cultural – ainda que este fosse muito maior para os babilônicos do que para os etruscos.

A morte do rongorongo

A Ilha de Páscoa (Rapanui) está entre os lugares inabitados mais isolados do planeta: 3.780 quilômetros a oeste do Chile e 2.250 quilômetros a leste-sudeste da ilha de Pitcairn, seu vizinho habitado mais próximo. Na década de 1860, o mundo exterior tomou conhecimento pela primeira vez – por meio da visita de missionários franceses – de que a ilha havia tido o que parecia ser um sistema de escrita. "Rongorongo" significa "cantos ou recitações" na língua polinésia da Ilha de Páscoa, e a palavra também foi aplicada à escrita, que era, aparentemente, cantada enquanto era lida. No entanto, mesmo tendo sido descoberto por pessoas de fora, o rongorongo parece ter estado à beira da extinção, provavelmente por causa da catastrófica diminuição na população da Ilha de Páscoa causada pela invasão do trabalho na ilha por empreendedores peruanos e por ondas de doenças: em 1860, cerca de 94% dos moradores da ilha haviam emigrado ou morrido. Os missionários tiveram trabalho para encontrar um nativo que pudesse ler rongorongo.

Existem 25 exemplos da escrita em pedaços de madeira, inclusive madeira flutuante, espalhados pelos museus do mundo. Eles contêm entre quatorze e dezessete mil "glifos", dependendo de como os sinais mais complexos são contados, entalhados com um dente de tubarão, um pedaço de obsidiana ou um osso de pássaro afiado. Os sinais são em sua maioria contornos estilizados de objetos ou criaturas, incluindo uma curiosa figura de um "homem-pássaro". Eles não se assemelhavam aos pictogramas de nenhuma outra escrita, com exceção, estranhamente, de alguns sinais com quatro mil anos de idade da escrita do vale do Indo – embora tal similaridade certamente seja apenas coincidência.

Duas questões básicas sobre a rongorongo precisam ser respondidas. Primeiro, ela é uma escrita propriamente dita ou algum tipo incomum de protoescrita, na qual os sinais funcionavam como um mnemônico para os cantos? Na época em que foi feita uma pesquisa cuidadosa sobre essa questão, no século XX, não havia nenhum cantor nativo sobrevivente, então não foi possível entrevistar um informante humano. A partir de registros europeus do canto rongorongo feitos no século XIX e de confiabilidade duvidosa, bem como de uma análise puramente visual dos sinais, foram formuladas muitas teorias, e diversas "decifrações" foram publicadas, a mais recente na década de 1990. Não há um consenso – assim como ocorre com a escrita não decifrada do vale do Indo –, mas parece provável, a partir das pesquisas dos especialistas, que haja um sistema fonético, possivelmente silábico, representado no rongorongo. Provavelmente a certeza sobre

12. A tábua de Santiago, um pedaço de madeira mantido em um museu em Santiago do Chile, é o maior e mais extenso exemplo da escrita rongorongo da Ilha de Páscoa, com 2.300 ideogramas inscritos. Este desenho mostra o começo da inscrição. A data da tábua é desconhecida, mas provavelmente deve ser do período entre a década de 1770 e 1860, quando a escrita certamente estava em uso. Apesar de muitas afirmações em contrário, a escrita rongorongo ainda está para ser decifrada.

esse fato sempre nos escapará, porque não existem amostras da escrita em número suficiente (e nenhuma outra será descoberta, por causa do efeito do calor e do clima úmido da ilha na madeira) e porque a origem e a idade da escrita são controversas.

Isso nos leva à segunda questão. Como a rongorongo foi inventada? Nenhuma das inscrições é datada. Assim, existem três possibilidades. Primeira, os nativos inventaram a escrita de maneira independente, sem ajuda exterior. Segunda, eles trouxeram a ideia de outro país como Peru ou China. Terceira, eles podem tê-la inventado depois da visita dos europeus à Ilha de Páscoa, em 1770, ao ver a escrita europeia dos marinheiros. Se a rongorongo existia antes da vinda dos europeus, então a Ilha de Páscoa seria única entre as ilhas da Polinésia, já que não há nenhum sistema de escrita pré-colonial conhecido na Polinésia. Se for provado que foi uma invenção independente, isso fortaleceria bastante a posição daqueles que acreditam na origem múltipla – em oposição à origem única – da escrita propriamente dita.

Existem argumentos razoáveis para as três posições, mas a terceira possibilidade – o estímulo europeu – parece de alguma forma mais provável do que as outras duas. Se isso estiver correto, no entanto, significa que a escrita teria sido inventada em algum momento da década de 1770 ou depois, passado por um breve ápice e mais ou menos abandonada, tudo isso em um período de noventa anos. Apesar de isso certamente ser concebível – como vimos no desaparecimento da escrita phags-pa dos mongóis em menos de um século –, esse cenário não é completamente plausível, embora esteja de acordo com a idade da madeira de todas as inscrições rongorongo que sobreviveram.

Sem dúvida, a morte da rongorongo – presumindo-se que se tratava de uma escrita propriamente dita – é um caso único da longa história do desaparecimento das escritas, que não pode realmente ser comparada com qualquer outra escrita que sumiu. Exceto talvez por uma questão: ela nos lembra de como a escrita é algo inconstante.

Capítulo 4
Decifração e escritas não decifradas

Em uma conversa comum, decifrar a letra "indecifrável" de uma pessoa significa compreender seu significado; não quer dizer que alguém possa ler cada uma das palavras. Em um sentido mais técnico, como aplicado às escritas antigas, "decifrado" significa coisas diversas para diferentes estudiosos. Em um extremo, todos concordam que os hieróglifos egípcios foram decifrados – porque todo egiptólogo treinado consegue compreender praticamente qualquer palavra de determinada inscrição hieroglífica (apesar de suas traduções individuais ainda serem diferentes, assim como traduções independentes da mesma obra de uma língua para outra). Na outra ponta, quase todo mundo concorda que as escritas da civilização do vale do Indo e da Ilha de Páscoa (rongorongo) não estão decifradas – porque nenhum acadêmico pode compreender suas inscrições de maneira satisfatória para outros especialistas. Entre esses extremos, resta um vasto espectro de opiniões. No caso dos glifos maias, por exemplo, a maioria dos estudiosos concorda que grande parte – até 85% – das inscrições pode ser lida com significado e que ainda resta um grande número de glifos individuais que são controversos ou obscuros.

Em outras palavras, não existe um padrão pelo qual julgamos se uma escrita foi "decifrada" ou não; em vez disso, deveríamos falar de *graus* de decifração. O critério mais útil é que uma decifração proposta possa gerar leituras consistentes de novas amostras da escrita, de preferência produzidas por pessoas diferentes que o decifrador original para evitar análises tendenciosas. Nesse sentido, os hieróglifos egípcios foram decifrados na década de 1820 por Jean-François Champollion e colaboradores; a cuneiforme babilônica na década de 1850 por Henry Creswicke Rawlinson e colaboradores; a linear B em 1952-1953 por Michael Ventris e

John Chadwick; os glifos maias a partir da década de 1950 por Yuri Knorosov e colaboradores; e os hieróglifos hititas (lúvio) da Anatólia durante o século XX por diversos acadêmicos – para citar apenas as decifrações mais importantes aceitas de modo geral.

Isso deixa um número significativo de línguas/escritas não decifradas, listadas na tabela da página 63. Elas se encaixam em três categorias básicas: escrita desconhecida que escreve uma língua conhecida, escrita conhecida que escreve uma língua desconhecida e escrita desconhecida que escreve uma língua desconhecida.

Até a década de 1950, os glifos maias eram um exemplo da primeira categoria, já que a língua maia ainda é falada na América Central. A escrita zapoteca também pode ser, se escrever uma língua relacionada com a família moderna das línguas zapotecas do México. Mesmo o rongorongo pode pertencer à primeira categoria, visto que é quase certo que ele escreve uma língua polinésia relacionada com a língua polinésia influenciada pelo taitiano falada ainda hoje na Ilha de Páscoa. A escrita etrusca é um exemplo da segunda categoria, já que a escrita etrusca é basicamente a mesma que o alfabeto grego, ao passo que a língua etrusca não tem relação com nenhuma língua conhecida. A escrita do Indo pertence à terceira categoria, uma vez que os sinais nos selos e outras inscrições não têm qualquer semelhança com nenhuma outra escrita, e a língua da civilização do vale do Indo não parece ter sobrevivido – a menos que, como alguns estudiosos especularam, seja uma ancestral das línguas dravídicas como o tâmil e o brahui, falados principalmente no sul da Índia, mas também em partes do Paquistão.

Abordagens da decifração

Ventris, talvez um dos maiores decifradores, resumiu o processo de decifração com maestria da seguinte maneira:

> Cada operação precisa ser planejada em três fases: uma *análise* exaustiva dos sinais, palavras e contextos de todas as

Nome da escrita	Onde foi encontrada	Primeiro registro conhecido	Escrita conhecida?	Língua conhecida?
Protoelamita	Irã/Iraque	c. 3000 a.C.	Parcialmente	Não
Indo	Paquistão/Noroeste da Índia	c. 2500 a.C.	Não	*
"Pseudo-hieroglífica"	Biblos (Líbano)	2º milênio a.C.	Não	Não
Linear A	Creta	século XVIII a.C.	Parcialmente	Não
Disco de Festos	Festos (Creta)	século XVIII a.C.	Não	Não
Etrusca	Norte da Itália	século VIII a.C.	Sim	Não
Olmeca	Mesoamérica	c. 900 a.C.	Parcialmente	Não
Zapoteca	Mesoamérica	c. 600 a.C.	Parcialmente	Parcialmente
Meroítica	Meroe (Sudão)	c. 200 a.C.	Sim	Não
Ístmica	Mesoamérica	c. 150 d.C.	*	*
Rongorongo	Ilha de Páscoa	antes do século XIX	Não	Parcialmente

13. Nesta tabela com as principais escritas não decifradas, um asterisco * indica os casos nos quais não há um consenso acadêmico sobre a natureza da escrita e/ou da língua que está por trás dela.

> inscrições disponíveis, o que serve para extrair todas as pistas possíveis sobre o sistema ortográfico, o significado e a estrutura da linguagem; uma *substituição* experimental dos valores fonéticos para produzir possíveis palavras e flexões em uma língua conhecida ou suposta; e uma *verificação* decisiva, de preferência com a ajuda de material virgem, para garantir que os resultados aparentes não sejam resultado da imaginação, de coincidência ou de pensamento circular.

Embora as decifrações bem-sucedidas não sigam simplesmente essa sequência, elas sempre envolvem os três processos: análise, substituição e verificação.

Quais são as condições mínimas para que um alto grau de decifração seja possível? Novamente de acordo com Ventris, "Os pré-requisitos são que o material seja grande o suficiente para que a análise origine resultados utilizáveis e (no caso de escritas ilegíveis sem nomes bilíngues ou identificáveis) que a língua secreta esteja relacionada a alguma que já conhecemos". A falta de material significa que, sem mais descobertas no presente, não há perspectiva de decifração das escritas olmeca e ístmica do México, o Disco de Festos de Creta e a escrita "pseudo-hieroglífica" de Biblos no Líbano, entre as mencionadas na tabela de escritas não decifradas. A linear B era decifrável – apesar de não ter uma "pedra de Roseta" com nomes próprios identificáveis – porque foi descoberto (por Ventris) que a língua secreta era grego arcaico.

Dois elementos de uma escrita desconhecida normalmente revelam seus segredos sem muito esforço. A primeira é a direção da escrita: da esquerda para a direita ou da direita para a esquerda, de cima para baixo ou de baixo para cima. Entre as pistas para a direção estão a posição do espaço não preenchido no texto, a maneira como os ideogramas às vezes se amontoam (à esquerda ou à direita) e a direção para a qual os sinais pictográficos estão virados (como nos hieróglifos egípcios). No entanto, há certas escritas que são do tipo *bustrofédon*, um termo que vem do grego "como o boi vira", quando está arando a terra: em outras palavras, primeiro da esquerda para a direita (digamos) e depois da direita para a esquerda, então da esquerda para a direita de novo, e assim por diante. Existem até mesmo escritas em *bustrofédon* reversivo, nas quais o escriba virava o documento original em 180 graus no final de cada linha; a rongorongo é um exemplo dela.

O segundo elemento é o sistema de contagem. Os numerais com frequência se destacam graficamente do resto do texto, em especial se são usados para cálculos (o que sugere

14. Michael Ventris (1922-1956) anunciou a decifração da linear B em 1952. Formado em arquitetura, ele também era um eminente linguísta que ficou fascinado pela linear B quando ainda era garoto. Na fotografia, aparece com sua prancheta de linear B em meados de 1953, logo após a decifração ter sido confirmada pela descoberta de uma nova tábua na Grécia.

que os sinais não numéricos perto dos numerais provavelmente representam objetos ou pessoas contados). Numerais fáceis de visualizar são uma característica particular das escritas linear B e maia e, entre as não decifradas, da escrita protoelamita. Um sistema numérico é óbvio nas escritas etrusca, linear A, zapoteca e ístmica e relativamente claro na escrita do Indo, mas parece não estar quase presente nas escritas meroítica e rongorongo, não sendo evidente de forma alguma no Disco de Festos. É claro que, ao desvendar um sistema de numerais antigos, os decifradores precisam estar atentos ao fato de que ele pode ser radicalmente diferente do nosso sistema decimal. Os babilônios, por exemplo, usavam um sistema sexagesimal, do qual herdamos os sessenta segundos de um minuto e os 360 graus de um círculo, e não tinham zero; os maias tinham um sistema vigesimal, que aumentava em múltiplos de vinte, e o sinal de uma concha para o zero.

Mais desafiador do que a direção da escrita ou os numerais é a análise do sistema de sinais como um todo. Imagine que você não tivesse familiaridade com o alfabeto romano. Se tomasse um capítulo típico de um romance comum impresso em português, seria uma questão bastante direta, com o estudo cuidadoso e a comparação dos milhares de caracteres no texto, descobrir que eles poderiam ser classificados como um conjunto de sinais: 26 em minúsculas e o mesmo número em maiúsculas, embora você pudesse questionar se as letras com ascendentes como b, d, f, h, k deveriam ser classificadas como letras em minúscula ou maiúscula – além dos diversos outros sinais: a pontuação, os numerais e os logogramas como @ e £. Agora imagine o mesmo texto escrito à mão. Imediatamente, a tarefa de isolar os sinais é muito mais difícil, porque as letras são unidas e escribas diferentes escrevem a mesma letra de maneiras diferentes, também de maneira diferente da sua forma impressa e nem sempre de maneira nítida.

O mesmo sinal escrito em uma forma variante é conhecido em epigrafia como um *alógrafo*. Um desafio-chave para o epigrafista/decifrador – que, claro, não pode ter certeza de antemão que sinais de aparência diferente são na verdade alógrafos de um único sinal – é como distinguir sinais que são genuinamente diferentes, como "l" e "I", de sinais que provavelmente são alógrafos, como o "a" impresso e o "a" escrito à mão (sem falar no "A"). A julgar pelas escritas decifradas, uma escrita não decifrada pode facilmente conter três ou quatro alógrafos do mesmo sinal básico. O candidato a decifrador precisa ser capaz de descobrir, por exemplo, quais das figuras de pauzinho nesse enigmático texto cifrado da história de Sherlock Holmes "Os dançarinos" são alógrafos:

A menos que os epigrafistas possam distinguir os alógrafos com um razoável grau de certeza, geralmente ao comparar seus contextos em muitas inscrições similares, não conseguem classificar os sinais fonéticos em uma escrita (seu signário) corretamente, nem podem estabelecer o número total de sinais em seu signário. A classificação é evidentemente crucial para a decifração, mas o número de sinais é quase tão importante quanto. Alfabetos como o português e escritas consonantais como o árabe normalmente têm entre 20 e 40 sinais; o hebreu tem 22 sinais, o português 26, o árabe 28 e o cirílico 43 sinais, 33 dos quais são usados na Rússia moderna. (Algumas línguas ricas em consoantes do norte do Cáucaso tem mais de quarenta sinais alfabéticos.) Escritas essencialmente silábicas, nas quais os sinais representam sílabas e não vogais ou consoantes, têm entre quarenta e 85-90 sinais básicos; o persa tem 40 sinais, o japonês cerca de 50 *kana* silábicos e a linear B tem 60 sinais básicos. Escritas mais complexas, que misturam um conjunto relativamente pequeno de sinais fonéticos com um grande número de logogramas, como os hieróglifos egípcios e maias, assim como a cuneiforme babilônica, têm muitas centenas de sinais, ou até vários milhares de sinais, como nos ideogramas chineses e no *kanji* japonês emprestado do chinês.

Uma vez que saibamos o tamanho do signário de uma escrita não decifrada, podemos ter uma boa ideia se se trata de uma escrita alfabética/consonantal ou de uma mistura de sílabas e logogramas, isto é, uma escrita logossilábica – sem ter nenhuma ideia dos valores fonéticos dos sinais. Esse sistema amplo de classificação das escritas foi reconhecido pela primeira vez na década de 1870 e adotado pelos decifradores do século XX. Por exemplo, os decifradores da cuneiforme ugarítica rapidamente perceberam que, com um signário de apenas 30 sinais, a ugarítica não poderia ser uma escrita logossilábica como a cuneiforme babilônica. Ventris, a partir do tamanho da linear B, convenceu-se de que a linear B era uma escrita silábica e não um alfabeto ou uma escrita

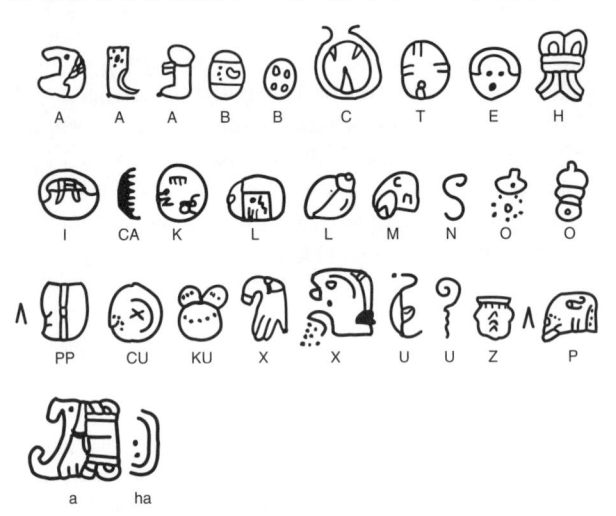

| A | A | A | B | B | C | T | E | H |

| I | CA | K | L | L | M | N | O | O |

| PP | CU | KU | X | X | U | U | Z | P |

| a | ha |

15. Este "alfabeto" maia é a cópia sobrevivente de um manuscrito original escrito no século XVI por um padre espanhol, Diego de Landa, que trabalhou entre os maias em Yucatán. Na década de 1950 e depois, o manuscrito forneceu a chave para a decifração dos glifos fonéticos maias. Na década de 1560, Landa, depois bispo de Yucatán, interrogou um maia idoso sobre a sua escrita. No entanto, Landa falou em espanhol, enquanto apontava para os diferentes sinais da escrita, e entendeu errado parte do que lhe foi dito por seu informante. Presumindo que os maias escreviam em um alfabeto, como o espanhol, Landa não entendeu que os sinais fonéticos eram essencialmente silábicos com uma mistura adicional de vogais puras, apesar de ter entendido de maneira óbvia que certos sinais, como "CA" e "KU", representavam sílabas. É claro que ele nem começou a imaginar que a maioria dos glifos maias (muitas centenas) não eram sinais fonéticos, mas sim logogramas, e que a escrita maia como um todo é uma escrita logossilábica com pouca semelhança com um alfabeto. Ironicamente, apesar de sua contribuição inadvertida para a decifração, Landa queimou todos os manuscritos maias nos quais colocasse as mãos, como se fossem trabalho do diabo.

16. Este vaso em cerâmica clássica maia, datado de cerca do século V d.C., foi escavado em Rio Azul, Guatemala. O glifo no centro (à esquerda) significa "cacau", que era um ingrediente essencial da bebida maia favorita à base de milho e chocolate. A palavra maia é soletrada foneticamente como *ka-ka-w(a)* com três sinais fonéticos silábicos, um deles parcialmente repetido – dentro de um glifo. Testes químicos detectaram resíduos de cacau no fundo do pote.

logossilábica, o que era um passo importante na direção da decifração. Uma linha de argumento parecida foi útil para limitar as possibilidades de escritas ainda não decifradas: parece haver cerca de 60 sinais fonéticos na linear A, e talvez 55 na rongorongo, o que, se for verdade, seria um sinal de que as duas escritas são silábicas.

Se os sinais de uma escrita não decifrada podem ser classificados corretamente, com a identificação precisa dos alógrafos – uma condição desafiadora, deve-se dizer –, cada sinal pode receber um número e cada inscrição pode ser escrita na forma de uma sequência de números em vez dos sinais gráficos comuns. A inscrição também pode ser classificada por computador em uma *concordância*, que é um catálogo organizado por sinais (não por inscrição) que debaixo de cada sinal lista cada inscrição que contenha aquele determinado sinal. (As concordâncias literárias são usadas por acadêmicos para pesquisar cada ocorrência de uma palavra específica, como, por exemplo, na obra inteira de Shakespeare.) As concordâncias oferecem possibilidades importantes para a análise da distribuição dos sinais. Uma vez que todos os dados textuais tenham sido computadorizados em uma concordância, pode-se pedir para o computador calcular a frequência relativa do sinal (por exemplo, qual é o sinal mais comum e qual o menos?), ou para listar todas as inscrições nas quais determinada combinação de sinais ocorre. Caso se suspeite de que essa combinação represente determinada palavra ou um nome próprio, pode-se então analisar exatamente em que contextos (no começo das inscrições, nas palavras do meio, perto de quais outros sinais?) a combinação ocorre – dentro de cada inscrição de um corpus.

Apesar de tal análise de frequência ter sido feita por computador no caso do corpus das escritas linear A, meroítica e do Indo, a verdade é que os computadores tiveram pouco impacto na decifração arqueológica. Os computadores chegaram um pouco tarde demais para Ventris (que de qualquer modo não parecia estar interessado em computação), e nenhum dos decifradores das últimas décadas considerou os computadores tão úteis como esperavam. Uma razão é a dificuldade de discriminação entre os sinais e seus alógrafos, que ainda é uma questão de julgamento humano; outra é a grande complexidade gráfica, como, por exemplo, da escrita maia, que não se presta à natureza preto e branca e discreta da classificação numérica; ainda outra razão, mais geral, é que não há realmente texto disponível suficiente nas escritas não decifradas para que as técnicas de estatística computadorizada provem-se decisivas. Em geral, a decifração bem-sucedida mostrou exigir uma síntese de lógica e intuição baseadas em amplo conhecimento linguístico, arqueológico e cultural que os computadores não têm (e provavelmente não podem ter).

A decifração dos hieróglifos egípcios

A Pedra de Roseta é um pedaço de granito compacto pesando cerca de três quartos de uma tonelada e medindo apenas 114 centímetros de altura, 72 centímetros de largura e 28 centímetros de profundidade. A partir do momento de sua descoberta em 1799 pelos soldados franceses de Napoleão Bonaparte estacionados em Roseta (atual Rashid), na costa egípcia do delta do Nilo, estava claro que a inscrição na pedra havia sido feita em três escritas diferentes, sendo que a de baixo era grego e a do alto (que estava muito danificada) eram hieróglifos egípcios. Espremida entre elas estava a escrita sobre a qual menos se sabia. Ela não se parecia com o alfabeto grego, mas parecia ter uma leve semelhança com os hieróglifos. No entanto, ao contrário dos hieróglifos, a escrita desconhecida não tinha cartuchos: grupos de sinais cercados por um anel oval, que lembravam os soldados dos cartuchos de suas armas. Hoje em dia, é claro, sabemos que a escrita do meio era a demótica, uma forma cursiva da hieroglífica.

O primeiro passo em direção à decifração era obviamente traduzir a inscrição grega. Descobriu-se que se tratava de um decreto baixado por um conselho geral de sacerdotes de todas as partes do Egito que se reuniram em Mênfis no primeiro aniversário da coroação de Ptolomeu V Epifânio, rei de todo o Egito, em 27 de março de 196 a.C. Os nomes Ptolomeu, Alexandre, Alexandria, entre outros, apareciam na inscrição grega. A última frase diz:

> Este decreto deve ser inscrito em pedra dura em ideogramas sagrados [hieroglífica], nativos [demótica] e gregos e colocado em cada primeiro, segundo e terceiro templo [graus] ao lado da imagem do rei eterno.

Então os estudiosos voltaram sua atenção para a escrita demótica. (A seção hieroglífica estava muito danificada para parecer promissora.) Eles sabiam a partir da declaração final que as três escritas, escritas em grego e egípcio, eram equivalentes em significado, bilíngue, ainda que não fossem traduções "palavra por palavra". Então procuraram por nomes como Ptolomeu, isolando grupos repetidos de sinais demóticos localizados mais ou menos na mesma posição que as ocorrências conhecidas de Ptolomeu na inscrição grega. Tendo encontrado esses grupos, perceberam que os nomes em demótico pareciam ser escritos de maneira alfabética, como nas inscrições gregas. Eles conseguiram rascunhar um alfabeto demótico preliminar. Algumas outras palavras demóticas, como "grego", "Egito", "templo", podiam agora ser identificadas com o uso desse alfabeto demótico. Parecia que toda a escrita demótica era alfabética.

Infelizmente não era. Os primeiros estudiosos não conseguiram seguir adiante, porque não podiam se livrar da ideia de que a inscrição demótica era um alfabeto – em forte contraste com a inscrição hieroglífica. Eles consideraram que esta era uma escrita não fonética, essencialmente pictográfica, que simbolizava apenas ideias, muitas vezes místicas, como descrita por comentaristas da Antiguidade Clássica como Horapolo (que escreveu no século IV d.C. ou mais tarde) e estudiosos da Renascença, como o jesuíta Athanasius Kircher. A diferença em aparência entre os sinais demóticos e hieroglíficos e o peso do pensamento tradicional a respeito dos hieróglifos egípcios convenceram os estudiosos de 1800 de que os princípios invisíveis das duas escritas, hieroglífica e demótica, deveriam ser completamente diferentes: uma não fonética e a outra alfabética.

17. A Pedra de Roseta, descoberta no Egito em 1799, registra um decreto real de 196 a.C. em três escritas (lidas de cima para baixo): hieroglífica egípcia, demótica egípcia e alfabética grega.

Thomas Young

A pessoa que quebrou esse molde foi o inglês Thomas Young. Sendo um polimato extraordinário – linguista, médico e físico, cuja teoria da luz foi uma contribuição essencial para a física do século XIX –, Young começou a trabalhar na Pedra de Roseta em 1814. Começou com o que Ventris mais tarde chamou de fase de "análise exaustiva" da decifração. Após exaustivas comparações entre as seções demótica e hieroglífica da Pedra de Roseta – e entre a hierática e as seções de hieróglifos dos papiros manuscritos –, Young percebeu o que chamou de "uma semelhança impressionante" entre alguns sinais demóticos e "seus hieróglifos correspondentes". Notou que "nenhum desses caracteres [os hieróglifos] podiam ser conciliados, sem violência inconcebível, com as formas de um qualquer alfabeto imaginável". Ele então concluiu que a escrita demótica era uma *mistura* de sinais alfabéticos e outros sinais do tipo hieroglífico.

Então Young foi além, seguindo a sugestão feita por estudiosos anteriores de que os cartuchos continham nomes reais ou religiosos. Havia seis cartuchos na inscrição hieroglífica da Pedra de Roseta que claramente tinham de conter o nome Ptolomeu. Young presumiu que Ptolomeu era um nome estrangeiro (grego), não egípcio, e por isso não seria soletrado como um nome egípcio, de maneira não alfabética. Por analogia, sabia-se que na escrita chinesa os nomes estrangeiros eram escritos foneticamente em ideogramas chineses com um sinal especial para indicar tal fato. (Os falantes do português indicam algumas palavras estrangeiras escritas com seu "sinal especial" – o itálico.) Será que o cartucho não era o equivalente em escrita hieroglífica egípcia ao sinal especial que acompanhava os grupos de ideogramas chineses?

Se fosse verdade, os hieróglifos fonéticos no cartucho de Ptolomeu poderiam ser comparados com as letras do alfabeto p, t, o, l, m, e, s, tal como Ptolomeu era soletrado na inscrição grega da Pedra de Roseta. Usando essa ideia, Young passou para a fase da decifração que Ventris chamaria de "substituição experimental dos valores fonéticos". Young foi capaz de dar valores fonéticos (*p, t, m* etc.) a diversos hieróglifos. Muitos, mas não todos, estavam corretos. Ao longo dos três anos seguintes, 1815-1818, ele fez sólidas contribuições para a decifração da escrita hieroglífica e demótica. Por exemplo, identificou marcas de plural, várias notações numéricas e um sinal especial (semicírculo com forma oval) para marcar nomes femininos, como Berenice, rainha de Ptolomeu III, na escrita hieroglífica.

Contudo, Young acabou empacando. O encanto da tradição medieval e clássica era forte. Enquanto ele podia aceitar que a escrita hieroglífica empregava um alfabeto para soletrar nomes estrangeiros, estava convencido de que os hieróglifos restantes, a maior parte usada para escrever a língua egípcia (em vez de nomes e palavras emprestadas do grego), era não fonética. O "alfabeto hieroglífico" de Young então não serviria, ele supôs, para a maior parte da escrita hieroglífica. Ele havia entendido corretamente partes do sistema de escrita hieroglífico e demótico, mas não seria a pessoa que quebraria o código hieroglífico. Usando os termos de Ventris, Young não foi capaz de passar de modo convincente para a terceira fase da decifração, a "verificação decisiva" de seus resultados preliminares usando material virgem, porque sua análise estava incompleta e parcialmente errada.

Jean-François Champollion

A decifração completa foi obra do francês Jean-François Champollion, que a anunciou em 1823. Nascido durante a Revolução Francesa, não pôde ir à escola quando criança. Em vez disso, recebeu aulas particulares de grego e latim e aos nove anos de idade, dizem, sabia ler Homero e Virgílio. Mudou-se para Grenoble depois de frequentar o liceu e entrou em contato com o matemático e físico Jean-Baptiste Fourier, que havia sido secretário da expedição de Napoleão ao Egito. Foi Fourier quem introduziu o Champollion de apenas doze anos de idade na egiptologia. Em 1807, ainda sem ter completado dezessete anos, Champollion apresentou um trabalho sobre a etimologia cóptica dos topônimos egípcios nas obras de autores gregos e latinos. O cóptico era o estágio final da língua do antigo Egito, usada pela igreja egípcia por volta da época de Cristo. Três anos mais tarde, depois de estudar línguas orientais em Paris além do cóptico,

18. Jean-François Champollion (1790-1832) anunciou a decifração da escrita hieroglífica egípcia em 1823. Este retrato pintado por volta de 1823, atribuído à Madame de Rumilly, mostra-o segurando sua "Tableau des Signes Phonétiques" inicial, publicada em 1822, que dava equivalentes em escrita hieroglífica e demótica para as letras do alfabeto grego.

Champollion voltou para Grenoble e mergulhou no estudo aprofundado da civilização egípcia.

Em 1819, Young publicou suas ideias sobre as escritas egípcias no pioneiro *Supplement to the Encyclopaedia Britannica* (Suplemento da Enciclopédia Britânica), 4ª edição. Antes disso, ele as havia comunicado para Champollion via carta. Mas primeiro Champollion as ignorou e continuou a acreditar que os hieróglifos eram inteiramente *não* fonéticos; em 1821, publicou um texto breve a esse respeito. Então mudou de ideia, provavelmente como resultado da leitura do suplemento de Young. Ele e Young eram sem dúvida rivais, e ainda há dúvidas do quanto Champollion foi influenciado pelo trabalho de Young; ele certamente se esforçou para diminuí-lo em seu principal livro sobre a escrita egípcia. Contudo, não pode haver dúvidas sobre a originalidade e o rigor de Champollion, que foram baseados em um conhecimento do Egito e de suas línguas, incluindo o cóptico, muito superior ao de Young.

A chave para seguir adiante foi a cópia de uma inscrição bilíngue de um obelisco enviada para Paris pelo antiquário William Bankes por volta de janeiro de 1822. Ela veio do Reino Unido, para onde o obelisco havia sido despachado após ter sido removido por Bankes da ilha de Filas, perto de Assuã. A inscrição da base do bloco estava em grego; a inscrição da coluna em escrita hieroglífica. No grego, os nomes de Ptolomeu e Cleópatra eram mencionados; nos hieróglifos, apareciam apenas dois cartuchos – presumivelmente representando os nomes escritos na base. Um dos cartuchos era quase idêntico a uma forma do cartucho de Ptolomeu na Pedra de Roseta:

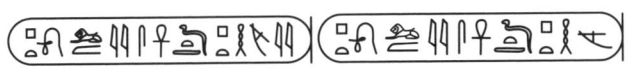

| Pedra de Roseta | Obelisco de Filas |

Também havia uma versão mais curta do cartucho de Ptolomeu na Pedra de Roseta:

Champollion decidiu que a versão mais curta escrevia Ptolomeu, enquanto o cartucho mais longo (da Pedra de Roseta) deveria incluir algum título real, associado ao nome de Ptolomeu. Seguindo Young, ele agora supôs que Ptolomeu estava escrito de maneira alfabética. Ele continuou a adivinhar os valores fonéticos dos hieróglifos do segundo cartucho do Obelisco de Filas:

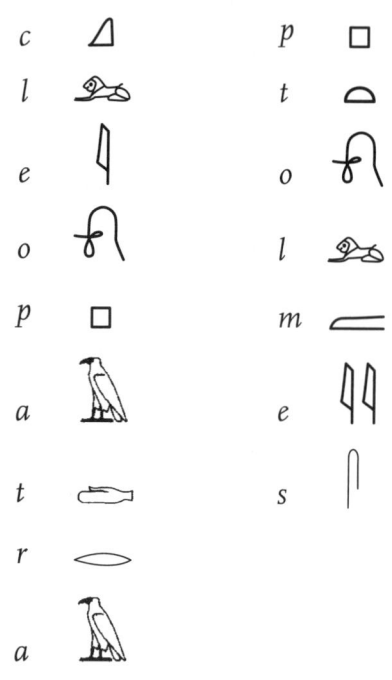

Havia quatro sinais em comum, aqueles com os valores de *l, e, o, p,* mas o valor fonético *t* estava representado de forma diferente. Champollion deduziu corretamente que os dois sinais para *t* eram homófonos, isto é, diferentes sinais com o mesmo valor fonético (comparável ao português **j**iló e **g**iro, con**s**erto e con**c**erto).

O verdadeiro teste, porém, era verificar se os novos valores fonéticos quando aplicados a outras inscrições, produziriam nomes razoáveis (a fase de "verificação" da decifração mencionada por Ventris).

Champollion tentou com o seguinte cartucho:

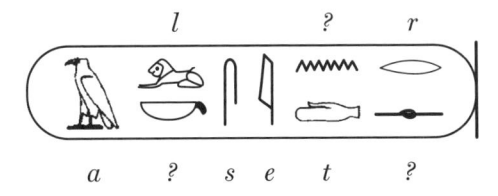

l   ?   *r*

a   ?   *s*   *e*   *t*   ?

A substituição dos valores fonéticos produzi *Al?se?tr?*. Champollion imaginou Alksentrs = Alexandros em grego (Alexandre) – novamente os dois sinais para *k/c* (⟲ e △) são homófonos, assim como os sinais para *s* (—•— e ▯).

Ele continuou a identificar os cartuchos de outros governantes de origem não egípcia, como *Kesrs* (César) e *Brneka* (Berenice). O cartucho dela – já identificado por Young, com sua terminação feminina de dois sinais – tem a seguinte aparência:

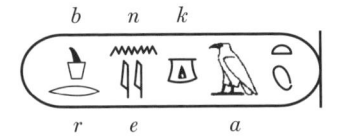

b   *n*   *k*

r   *e*   *a*

Esses primeiros esforços de Champollion, anunciados em outubro de 1822, eram baseados na premissa de que nomes *não egípcios* e palavras tanto em escrita demótica quanto em hieroglífica eram escritos alfabeticamente. Foi assim que ele criou uma tabela de sinais fonéticos, tal como o "alfabeto hieroglífico" de Young, porém muito mais completa e precisa que a do seu rival. Champollion não esperava a princípio que seus valores fonéticos se aplicassem aos nomes dos governantes de origem egípcia (pré-Alexandre), que ele insistia em pensar que deveriam ser soletrados de maneira não fonética. Esperava menos ainda que sua "decifração" pudesse ser aplicada a todo o sistema hieroglífico. A velha ideia, que remontava à antiguidade clássica, de que os hieróglifos egípcios expressavam em grande parte apenas ideias, em vez de sons e ideias, ainda dominava a mente de Champollion, assim como tinha acontecido com Young. Apenas em abril de 1823, Champollion anunciou que havia entendido os princípios da escrita hieroglífica como um sistema de escrita.

A mudança na conceituação de Champollion sobre a escrita hieroglífica entre 1822 e 1823 começou quando ele recebeu cópias de vários relevos e inscrições dos templos do antigo Egito em setembro de 1822. Uma delas, do templo de Abu Simbel em Núbia, continha cartuchos intrigantes. Eles pareciam escrever o mesmo nome de várias maneiras, sendo que o mais simples era:

Champollion ficou pensando se seu novo alfabeto, derivado de inscrições greco-romanas muito mais recentes, poderia ser aplicado a esse conjunto de inscrições puramente egípcias. Os dois últimos sinais eram familiares a ele, tendo o valor fonético de s. Usando seu conhecimento do cóptico, ele adivinhou que o primeiro sinal tinha o valor de re, que era a palavra cóptica para "sol" – o objeto aparentemente simbolizado pelo sinal. Teria existido um antigo governante egípcio com um nome parecido com Re(?)ss? Champollion, mergulhado em sua paixão pelo antigo Egito, imediatamente pensou em Ramsés, um rei da 19ª dinastia mencionado em uma história grega conhecida sobre o Egito escrita por um historiador ptolomaico, Maneto. Se ele estivesse certo, então o sinal 𓀭 deveria ter o valor fonético m. (Ele supôs que a escrita hieroglífica não representava vogais, exceto para nomes estrangeiros.)

A motivação veio da segunda inscrição:

Dois desses sinais eram "conhecidos": o primeiro, um íbis, era o sinal do deus Toth (inventor da escrita). Então o nome tinha de ser Tutmés, um rei da 18ª dinastia também mencionado por Maneto. A Pedra de Roseta parecia confirmar o valor de ⽊. O sinal aparecia ali, de novo com ⎟, como parte de um grupo de hieróglifos com a tradução grega *genethlia*, que significava "dia de nascimento". Champollion logo se lembrou do cóptico para "dar à luz", "mise".

Champollion estava certo apenas em parte sobre como se soletrava Ramsés: ⽊ não tem o valor fonético de *m* (como sugerido pelo cóptico "mise"). Champollion ainda não estava consciente dessa complexidade. Durante alguns meses depois do seu sucesso em decifrar Ramsés e outros nomes de origem egípcia, ele resistiu à ideia de que o sistema hieroglífico como um todo continha elementos fonéticos. Ele nunca disse o que finalmente o fez mudar de ideia no final de 1822, mas provavelmente tenha sido uma combinação de fatores. De um lado, ele aprendeu surpreso com um estudioso francês da língua chinesa que havia elementos fonéticos não apenas em nomes estrangeiros escritos em ideogramas chineses, mas também em palavras nativas. De outro lado, chamou-lhe a atenção o fato de que havia apenas 66 sinais entre os 1.419 sinais hieroglíficos da Pedra de Roseta; se os hieróglifos eram realmente sinais de palavras e ideias, então era de se esperar que houvesse muito mais do que 66 sinais, cada um sendo um logograma representando uma palavra diferente. A pequena quantidade de sinais sugeria em vez disso um pequeno conjunto de sinais fonéticos misturados com logogramas.

Uma vez aceitando que os hieróglifos eram uma mistura de sinais fonéticos e logogramas, Champollion pôde decifrar a segunda metade do cartucho longo de Ptolomeu no Obelisco de Filas, que é o seguinte:

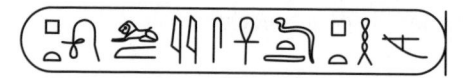

De acordo com a inscrição grega, o cartucho inteiro significava "Ptolomeu vive para sempre, amado por Ptah" (Ptah era o deus criador de Mênfis). Em cóptico, a palavra para "vida" ou "viver" era *onkh*: pensava-se que isso era derivado da palavra do antigo egípcio *ankh*, representada pelo sinal ☥ (um logograma). Supostamente, os sinais a seguir significavam "sempre" e continham um som de *t*, enquanto o sinal era agora conhecido por ter o valor fonético *t*. Com a ajuda do grego e do cóptico, o poderia ser relacionado ao valor fonético *dj*, o que resultaria em uma pronúncia aproximada em egípcio antigo *djet*, que significava "para sempre". (O outro sinal era mudo, um tipo de logograma classificatório chamado determinante; ele simbolizava a "terra plana".)

Dos sinais restantes, o primeiro era agora conhecido por representar o *p* e o segundo *t* – os primeiros dois sons de Ptah; então o terceiro sinal poderia ter o valor fonético aproximado de *h*. O quarto sinal – outro logograma – por isso supostamente teria o significado de "amado". O cóptico mais uma vez foi útil para dar uma pronúncia: a palavra cóptica para "amor" era conhecida por ser *mere*, e assim se pensava que pronúncia do quarto sinal era *mer*. Então, em resumo, Champollion chegou à seguinte aproximação do famoso cartucho (adivinhando as vogais não escritas): *Ptolmes ankh djet Ptah mer* – "Ptolomeu vive para sempre, amado por Ptah".

CAPÍTULO 5
COMO FUNCIONAM OS SISTEMAS DE ESCRITA

Europeus e americanos alfabetizados precisam reconhecer e escrever cerca de 52 sinais alfabéticos (26 letras maiúsculas e suas minúsculas equivalentes), assim como numerais, marcas de pontuação e um pequeno número de logogramas. Os leitores japoneses alfabetizados, por outro lado, com o sistema de escrita mais complicado do mundo, precisam conhecer e saber escrever dois silabários diferentes (*kana*) com cerca de 50 sinais cada um, além de quase dois mil outros sinais (*kanji*) tirados dos ideogramas chineses, que em geral são logogramas. Aqueles que estudam muito devem reconhecer mais kanjis do que isso. Antes da Segunda Guerra Mundial, havia cerca de 7,5 mil kanjis na tipografia dos jornais japoneses; mesmo hoje em dia, os jornais usam cerca de 3,2 a 3,3 mil kanjis.

As situações daqueles que leem e escrevem na Europa/América e no Japão parecem estar em polos opostos. Na verdade, os diferentes sistemas de escrita são mais semelhantes entre si do que parece. Ao contrário do que muita gente pensa, todas as escritas que são escritas propriamente ditas operam a partir de um princípio básico. Tanto o alfabeto quanto as escritas chinesa e japonesa usam sinais para representar sons; e todos os sistemas de escrita misturam esses sinais fonéticos com logogramas. O que diferencia os sistemas de escrita – além do formato de seus sinais, é claro – são as proporções de sinais fonéticos e logogramas.

Classificação dos sistemas de escrita

Quanto maior a proporção de representação fonética em uma escrita, mais fácil é adivinhar a pronúncia de uma palavra que ela escreve. O diagrama a seguir, criado pelo especialista em japonês J. Marshall Unger, indica as proporções de foneticismo e logografia em diversas escritas. Na extrema esquerda, o Alfabeto Fonético Internacional pretende ser puramente fonético. Inventado no final do século XIX, seus sinais, baseados nos alfabetos romano e grego com acréscimos de alguns sinais especiais e marcas diacríticas, têm como objetivo serem capazes de escrever qualquer língua com uma correspondência estrita um a um entre o sinal e o som. Na extrema direita, os códigos criptográficos são puramente logográficos.

Entre os sistemas de escrita usados para escrever as línguas faladas, a escrita finlandesa à esquerda tem a maior proporção de foneticismo, enquanto o japonês à direita tem a menor proporção. O hebreu e o árabe, que em sua forma original não marcavam as vogais (embora suas formas modernas o façam), ficam no meio. Considera-se que o japonês é um pouco mais logográfico que o chinês porque muitos kanjis japoneses podem assumir diversas leituras diferentes como resultado de sua história complexa por terem sido emprestados do chinês para escrever uma língua diferente. Por outro lado, como ressalta Unger, o japonês usa o silabário kana muito fonético, que não tem um equivalente direto no chinês (que de qualquer modo tem sinais silábicos). Então, alguns acadêmicos podem querer inverter a posição do japonês e do chinês no diagrama.

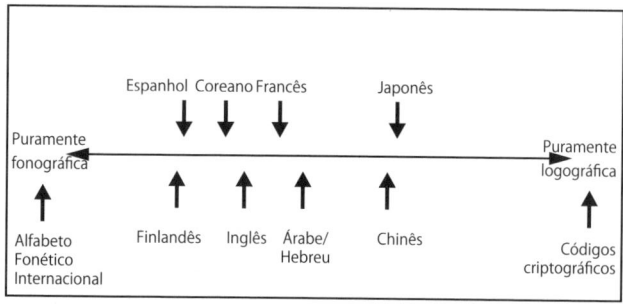

19. Todos os sistemas de escrita propriamente dita misturam sinais fonéticos com logogramas, mas as proporções variam. Veja o texto para uma explicação detalhada.

A posição do coreano é especialmente interessante. Na Coreia, uma escrita basicamente fonética competiu durante séculos com uma escrita basicamente logográfica. O sistema de escrita coreano já foi fundamentado em ideogramas chineses (*hanja*), mas hoje em dia é o Hangul, o sistema basicamente alfabético introduzido no século XV que consistia originalmente em 40 sinais. Ainda assim, os hanjas não desapareceram completamente. Na Coreia do Norte, o governante comunista Kim Il Sung baniu os hanjas até 1964, quando foram reintroduzidos por razões que não são claras; dois mil hanjas começaram a ser ensinados a estudantes pré--universitários. Na Coreia do Sul, o governo planejou banir os hanjas em 1948, ideia que foi abandonada em 1949, desde que os hanjas fossem acompanhados pelo hangul, então em 1950 chegou-se a uma mistura de hanja e hangul. Em 1955, os hanjas foram abolidos, mas em 1964 eles voltaram, com mil e trezentos hanjas sendo introduzidos nos livros escolares das escolas de ensino fundamental e médio. De novo, em 1968, decretou-se que o hangul era a única escrita sul-coreana, e os livros escolares foram escritos exclusivamente em hangul em 1970. No entanto, em 1972, cerca de mil e oitocentos hanjas foram reintroduzidos nas escolas. Apesar de ainda serem ensinados às crianças, há poucas oportunidades para se ler hanjas, que aparecem nos jornais para escrever alguns nomes próprios e em pequena escala nos livros universitários. A escrita coreana baseada nos hanjas (não mostrada no diagrama) ficaria um pouco à esquerda do chinês.

A partir dessa discussão, deve ficar claro que não existe um sistema de escrita "puro", isto é, um sistema de escrita propriamente dita capaz de expressar significado completamente por meio de letras do alfabeto ou por meio de sinais silábicos ou por meios de logogramas. Todos os sistemas são misturas de representações fonéticas e logográficas. Contudo, a melhor forma de classificar os sistemas de escrita ainda é uma questão controversa.

Assim, alguns acadêmicos, especialmente Ignace J. Gelb em seu influente *A Study of Writing* (Um estudo da escrita), negam a existência de alfabetos anteriores ao alfabeto grego, porque a escrita fenícia marcava apenas as consoantes e não as vogais. Isso também vale para as escritas hebraica e árabe, antes de elas adquirirem um sistema de três sinais básicos para marcar as vogais. Esses pontos diacríticos e traços pequenos, conhecidos como "pontos-vogal", acrescidos acima e abaixo da consoante que antecede a vogal, foram desenvolvidos entre 600 e 1000 d.C. para indicar a pronúncia correta dos textos religiosos. Por exemplo, وَنَتُ ٱلْفَنِيقِيَّا لِيَرْمِثْلَ حَيَاتِهِ وَعِيثَهُ فِي ٱلدَّلْعَيْنَ عَائِهِ. Gelb reúne o fenício, o aramaico, o hebraico e o árabe como silabários semíticos do oeste, não como alfabetos, baseado na ideia de que seus sinais representam consoantes com vogais inerentes. "Se o alfabeto é definido como um sistema de sinais que expressa sons únicos da fala, então o primeiro alfabeto que pode ser assim chamado de maneira justificável é o alfabeto grego", Gelb sustenta. No entanto, a maioria dos estudiosos está satisfeita com o uso comum (assim como este livro) e vê as escritas fenícia, aramaica, hebraica e árabe como alfabetos.

As escritas indianas, como a devanagari (usada para o sânscrito e o hindu) e a grantha (usada para o tâmil), são mais resistentes à classificação. Os não indianos às vezes as chamam de alfabetos, mas os indianos geralmente se referem a elas como *akshara*, uma palavra sânscrita que define um silabário consonantal modificado, no qual a maioria das vogais (mas não todas) é representada por diacríticos ligados às consoantes. As escritas indianas são alfabetos ou silabários? Descendentes da antiga escrita brahmi, que provavelmente foi influenciada pela escrita aramaica, elas são de alguma maneira alfabéticas e, de outra, mais próximas a um silabário. Há muito mais de dois mil anos, os antigos indianos usavam seu conhecimento sofisticado de fonologia e gramática para organizar seus sinais de forma diferente do aramaico. Os sinais brahmi são classificados de acordo com o lugar de articulação na boca – as vogais e os ditongos vêm primeiro, então as consoantes na seguinte ordem lógica: guturais, palatais, retroflexas, dentais, labiais, semivogais e aspiradas. Ainda assim, muitas vezes o sinal representa uma sílaba; sinais das consoantes que expressam vogais inerentes, isto é, sílabas, são extremamente importantes nos sistemas de escrita indiana: por exemplo, o sinal para "b" em bengali representa o som *bo* (com um o curto) e é convencionalmente escrito como "ba".

Talvez as escritas indianas devam ser classificadas como silabários consonantais. Mesmo assim, tal rótulo seria confuso, porque as escritas também marcam certas vogais separadamente das consoantes, como nos alfabetos. "O que então são as escritas indianas?" pergunta-se um especialista, Albertine Gaur, em *A History of Writing* (A história da escrita). "Elas têm sido descritas de várias maneiras como alfabéticas, consonantais ou uma tentativa imperfeita de converter uma escrita consonantal em um alfabeto." Na opinião de Gaur, "Nenhuma dessas descrições pode realmente ser justificada. As escritas indianas são, desde os seus primórdios registrados, claramente silábicas".

Apesar de tais dificuldades, rótulos classificatórios são úteis para nos lembrar da natureza predominante dos diferente sistemas de escrita. O diagrama em árvore na p. 88 divide uma seleção representativa dos sistemas de escrita de acordo com a sua natureza, não de acordo com a sua idade; ele *não* mostra como um sistema pode ter dado origem a outro do ponto de vista histórico. (As linhas pontilhadas indicam influências históricas ou possíveis de um sistema sobre o outro.)

A linear B é rotulada como predominantemente silábica, pois a maior parte de seus sinais representa a combinação consoante mais vogal. Os glifos maias são logossilábicos, porque têm uma grande proporção de logogramas misturados com um pequeno conjunto de sinais silábicos. A escrita egípcia hieroglífica é logoconsonantal, porque sua grande proporção de logogramas é misturada a um conjunto de 24 sinais consonantais, mas sem nenhum sinal de vogal. A escrita árabe é um alfabeto consonantal, no qual um conjunto de 28 sinais consonantais predomina sobre as marcações de vogais (como "pontos"). O finlandês é um alfabeto fonético, no qual os sinais representam predominantemente fonemas, as menores unidades contrastivas no sistema de sons de uma língua. (Exemplos de fonemas vogais em inglês são /e/ e /a/ nas palavras "set" e "sat", enquanto que os fonemas consonantais da língua inglesa incluem /b/ e /p/ nas palavras "bat" e "pat".) O inglês, no entanto, é considerado um alfabeto logofonético, porque o modo como as palavras são escritas quase não tem representação fonética: a mesma letra representa diferentes sons e vice-versa. A maneira como as palavras são escritas em inglês é bastante influenciada por sua evolução histórica. As escritas indianas estão omitidas aqui, já que sua classificação é discutível.

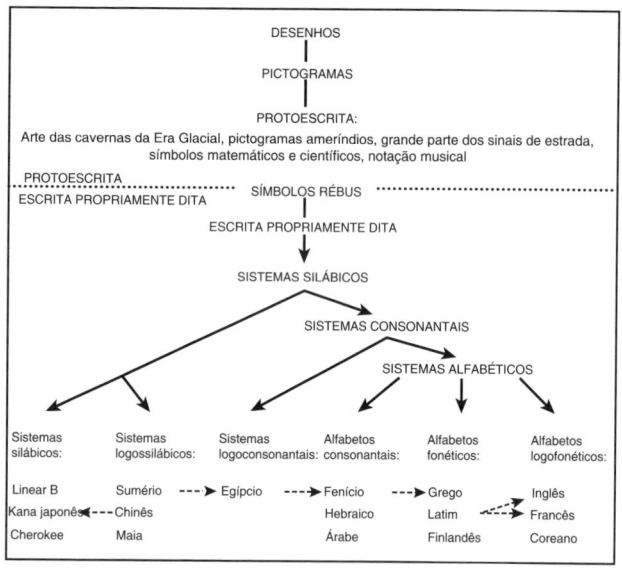

```
                            DESENHOS
                               |
                          PICTOGRAMAS
                               |
                         PROTOESCRITA:
Arte das cavernas da Era Glacial, pictogramas ameríndios, grande parte dos sinais de estrada,
            símbolos matemáticos e científicos, notação musical
─────────────────────────────────────────────────────────────
 PROTOESCRITA
ESCRITA PROPRIAMENTE DITA     SÍMBOLOS RÉBUS ·············
                                     |
                          ESCRITA PROPRIAMENTE DITA
                                     ↓
                           SISTEMAS SILÁBICOS
                                     
                              SISTEMAS CONSONANTAIS
                                     
                                 SISTEMAS ALFABÉTICOS
```

Sistemas silábicos:	Sistemas logossilábicos:	Sistemas logoconsonantais:	Alfabetos consonantais:	Alfabetos fonéticos:	Alfabetos logofonéticos:
Linear B	Sumério ---▶	Egípcio ---▶	Fenício ---▶	Grego ▶	Inglês
Kana japonês ◀---	Chinês		Hebraico	Latim	Francês
Cherokee	Maia		Árabe	Finlandês	Coreano

20. Os sistemas de escrita podem ser classificados de acordo com o seu tipo linguístico predominante, isto é, "silábico" ou "logoconsonantal". No entanto, os rótulos específicos mostrados neste diagrama não são aceitos universalmente. Veja o texto para uma explicação detalhada.

21. Essa tábua de linear B da antiga cidade de Cnossos, em Creta, conta cavalos. Veja o texto para uma explicação detalhada.

Linear B: uma escrita silábica

Para entender como uma escrita silábica funciona, vamos analisar duas conhecidas tábuas de linear B. A primeira é de Cnossos, em Creta, e foi descoberta por Arthur Evans. Ela mostra pictogramas de cabeças de cavalo, acompanhados de sinais silábicos e numerais (os traços verticais simples), que contam os cavalos. Das quatro cabeças de cavalo no meio e à direita da tábua, duas têm crina e duas não têm. Aquelas sem crinas, que se presume que sejam potros, são precedidas pela mesma palavra, escrita como um par de sinais:

Imagina-se que a palavra foi acrescentada pelo escriba minoico mais de três milênios atrás para deixar absolutamente claro que o pictograma sem crina era um *potro* e não um animal adulto.

De acordo com o silabário da linear B, os dois sinais são lidos como *po-lo*, significando "potro". A tábua então pode ser lida assim:

cavalos 2	*polo* potros
polo potros 2	cavalos 4

Durante a decifração da linear B, essa tábua forneceu uma pista importante para a linguagem por trás da escrita, que se descobriu ser o grego. A palavra em grego clássico para um jovem cavalo ou um potro é *polos*, e sua forma dupla, significando dois potros, é *polo*. Na verdade, a palavra portuguesa "potro" vem da mesma fonte que o grego *polos*.

A segunda tábua, desenhada aqui por Michael Ventris, é do continente grego, descoberta nos arquivos do antigo palácio de Pilos, que se acredita ter sido do rei Nestor, um dos personagens do relato de Homero da Guerra de Troia. Ela não conta cavalos, mas recipientes de vários tipos e condições: caldeirões de três pés, jarras de vinho e taças. Os pictogramas desses objetos são acompanhados por palavras descritivas e frases em linear B. A maioria delas é escrita com sinais de consoantes e vogais: por exemplo, os três sinais de *ti-ri-po* que significa "caldeirão de três pés", os dois sinais de *qe-to* que significa "jarra de vinho" e os dois sinais de *di-pa* que significa "taça"; contudo, algumas palavras também usam sinais que são vogais puras, por exemplo a vogal pura *a* no começo de *a-no-we*, que significa "sem alça".

Essa tábua, revelada por seu descobridor Carl Blegen em 1953, depois de Ventris ter anunciado sua decifração da linear B em 1952, causou excitação e mostrou-se decisiva na confirmação da decifração. Ela inclusive sugeriu uma ligação com Homero, já que a palavra *dipa* era a palavra em grego arcaico para o recipiente chamado *depas* em grego homérico. Mas era um exagero fazer essa associação entre a taça de quatro alças anotada nos arquivos do palácio de Nestor e a taça descrita por Homero na *Ilíada*, antes de Nestor partir para a guerra? Era "uma taça magnífica adornada com relevos dourados... Ela tinha quatro alças... Qualquer outra pessoa teria considerado difícil levantar a taça da mesa quando estava cheia, mas Nestor, velho como estava, conseguia fazer isso sem dificuldade". De qualquer maneira, quando Ventris publicou seu desenho da tábua e seus sinais em 1954, intitulou seu artigo de maneira provocativa, "A taça de quatro alças do rei Nestor". (Para o seu antigo professor de línguas clássicas, escreveu em tom de piada: "Acho que não é o grego que você me ensinou!")

ᚹᚱᚺᛏᚻᛊᚩᛏᚳᚦ 2 ⍓ⅠⅠ tiripode aikeu keresijo weke 2 (caldeirão de três pés feito em creta de tipo aikeu 2)	ᛊᛏᛖᚪᛏᚦ ⍓Ⅰ dipa mezoe qetorowe 1 (taça grande com quatro alças 1)
ᚪᚱᛊᚪᛏᛖᚻᛏ ⍓Ⅰ tiripo eme pode owowe 1 (caldeirão de três pés com uma alça em um pé 1)	ᛏᚦᚪᛖᛖᚪᛏᚦ ⍓ⅠⅠ dipae mezoe tiriowee 2 (taça grande com três alças 2)
ᚪᚱᛊᛖᚳᚦᛊᚳ tiripo keresijo weke (caldeirão de três pés feito em Creta)	ᛏᚦᚪᛖᚱᛊᚦ ⍓Ⅰ dipa mewijo qetorowe 1 (taça pequena com quatro alças 1)
ᛏᚳᛞ ᛟᛈᛖᚦᚷᚹ apu kekaumeno kerea (queimado nas pernas)	ᛏᚦᚪᚦᛊᛊᚪᛊ ⍓Ⅰ dipa mewijo tirijowe 1 (taça pequena com três alças 1)
ᛟᛏ ⍓ⅠⅠⅠ qeto 3 (jarras de vinho 3)	ᛏᚦᚪᚦᚳᛗᛊ ⍓Ⅰ dipa mewijo anowe 1 (taça pequena sem alças 1)

22. Esta tábua em linear B da antiga cidade de Pilos, na Grécia, conta recipientes. Sua descoberta confirmou a decifração da linear B em 1953. Veja as explicações no texto.

Hieroglífica egípcia: uma escrita logoconsonantal

A antiga escrita egípcia não é silábica; ela usa um conjunto razoavelmente pequeno de sinais consonantais combinados com centenas de logogramas. Muitos dos símbolos hieroglíficos funcionam tanto de maneira fonética quanto

sinal	transliteração	identificação	valor fonético
🦅	ꜣ	abutre	a (parada da glote precedendo um **a**) aleph
𓇋	i	junco	i, y (yodh semítico)
𓂝	ꜥ	antebraço	gutural desconhecido, ayin, a como em "carro"
𓅱	w	codorna	u
𓃀	b	perna e pé	b
𓊪	p	banco	p
𓆑	f	cobra com chifres	f
𓅓	m	coruja	m
𓈖	n	água	n
𓂋	r	boca	r
𓉔	h	abrigo de junco	h aspirado
𓎛	ḥ	fibras torcidas	h muito aspirado
𓐍	ḫ	peneira	**kh**
𓄡	ẖ	barriga de animal	**kh** gutural, como no alemão "ich"

92

sinal	transliteração	identificação	valor fonético
⎯⊗⎯ ou ⌐	s	trinco de porta ou pano dobrado	s
⎕	š	lago	**sh**
◿	ḳ	encosta	qu, como em "quanto"
⌒	k	cesta	c, como em "casa"
🝢	g	suporte de panela	g, como em gato
⌒	t	pão	t
⊷	ṯ	cabo	**tch**
⇌	d	mão	d
⌒	ḏ	cobra	**dj**

23. O "alfabeto" hieroglífico egípcio com 24 letras – uma construção dos egiptólogos, não dos egípcios – é, na verdade, um signário consonantal. Veja a explicação completa no texto.

logográfica, dependendo do contexto. As fronteiras não são muito claras: os hieróglifos não fazem distinções de casta.

Além disso, com os pictogramas, a imagem não dá necessariamente o significado do sinal. Determinado pictograma pode funcionar como logograma em uma frase e como sinal fonético em outra (o princípio do rébus). Para dar um dos exemplos mais simples, o pictograma para "criança" 𓀔 pode funcionar tanto como um determinante (logograma) para "criança" quanto um sinal biconsonantal para *nn*. Essa ambiguidade pode confundir os decifradores e egiptólogos, mas também é parte do que torna a leitura hieroglífica fascinante.

Cóptico	nome	valor fonético
ⲁ	alpha	a
ⲃ	vita	v (b)
ⲅ	gamma	g
ⲇ	delta	d
ⲉ	epsilon	e
ⲍ	zita	z
ⲏ	ita	i, e
ⲑ	tita	t
ⲓ	iota	i
ⲕ	kappa	k
ⲗ	laula	l
ⲙ	mi	m
ⲛ	ni	n
ⲝ	xi	x
ⲟ	omicron	o
ⲡ	pi	p
ⲣ	ro	r
ⲥ	sima	s
ⲧ	tau	t
ⲩ	ypsilon	y, u
ⲫ	phi	ph
ⲭ	khi	ch, kh
ⲯ	psi	ps
ⲱ	omega	o
ϣ	shei	s
ϥ	fai	f
ϩ	hori	h
ϫ	djandja	g
ϭ	chima	c
ϯ	ti	ti

24. O alfabeto cóptico de 30 letras é baseado no alfabeto grego com a adição de seis sinais complementares.

Com essas limitações, os hieróglifos podem ser assim classificados: a. sinais uniconsonantais; b. sinais biconsonantais; c. sinais triconsonantais; d. complementos fonéticos; e. determinantes/logogramas.

Há cerca de 24 sinais uniconsonantais (dependendo de como as variantes são contadas), alguns dos quais aparecem nos cartuchos de Alexandre, Cleópatra, Ptolomeu e Ramsés, com foi descoberto por Young e Champollion. Os sinais uniconsonantais são muitas vezes tratados como um "alfabeto", apesar de não incluírem vogais verdadeiras e do fato de que seu uso não é distinto do de outros tipos de sinais hieroglíficos fonéticos. A tabela nas páginas 92-93 mostra o chamado "alfabeto" hieroglífico, tal como construído pelos egiptólogos, mas que era desconhecido pelos antigos egípcios. Todo sinal é pictográfico. Os três primeiros sons na tabela são vogais para nós, mas consoantes em egípcio.

A comparação entre o "alfabeto" hieroglífico e os 30 sinais do alfabeto cóptico (página 94), um alfabeto verdadeiro usado para escrever o último estágio do antigo egípcio que floresceu a partir do século 4 d.C., é instrutiva. Em sua forma padrão (sahidic), o alfabeto cóptico consiste em 24 letras do alfabeto grego mais seis sinais emprestados da escrita demótica egípcia, que representam os sons cópticos não simbolizados no alfabeto grego. As vogais são representadas e nenhuma letra é pictográfica, diferentemente da escrita hieroglífica.

Estes são alguns dos hieróglifos bi e triconsonantais:

Sinais biconsonantais

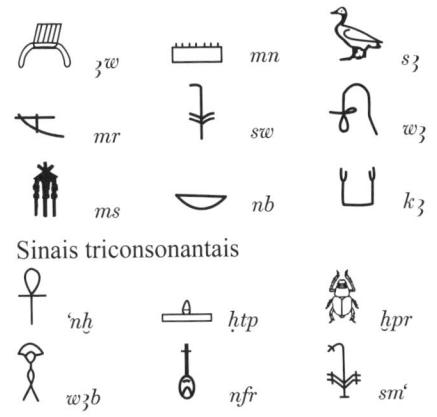

$ꜣw$	mn	$sꜣ$
mr	sw	$wꜣ$
ms	nb	$kꜣ$

Sinais triconsonantais

$ꜥnḫ$	$ḥtp$	$ḫpr$
$wꜣb$	nfr	$smꜥ$

A "complementação fonética" significa a adição de um sinal (ou sinais) uniconsonantal a uma palavra para enfatizar ou confirmar sua pronúncia. É algo como os acentos diferenciais usados no português, como em "tem" (singular) e "têm" (plural). Com a escrita hieroglífica, o complemento fonético comum é um sinal único que reitera a consoante final do sinal principal. Alguns exemplos estão destacados:

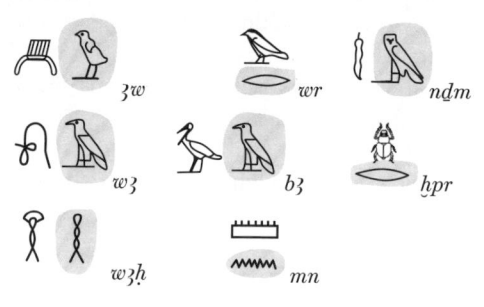

$ꜣw$ wr $nḏm$

$wꜣ$ $bꜣ$ $ḫpr$

$wꜣḥ$ mn

Mas é comum acrescentar dois ou até mesmo três complementos fonéticos:

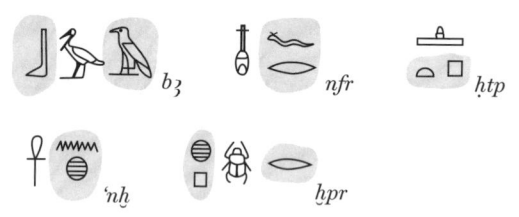

$bꜣ$ nfr $ḥtp$

$ꜥnḫ$ $ḫpr$

"Determinantes" são logogramas acrescentados ao final dos sinais fonéticos para indicar o significado de uma palavra e para diferenciar nos casos em que dois ou mais significados são possíveis. O cartucho também é um tipo de "determinante" (assim como a letra maiúscula usada para indicar nomes próprios). Muitos determinantes são claramente pictográficos, como mostrado aqui:

𓎟𓏏	*nb.t*	senhora
𓉐𓂋	*pr*	ir adiante
𓇋𓀗𓅱	*i3w*	velho
𓊃𓎛𓂧𓎛𓂧	*sḥdḥd*	ficar de ponta cabeça
𓋴𓂓𓀀	*sk3*	arar

O "homem em destaque" determinante mostrado na última palavra também é usado em palavras para "educação" e "impostos"! Ele determina palavras que envolvem atividade com força ou ação de qualquer tipo.

Um interessante exemplo de determinante é oferecido pela palavra *wn*, que consiste de um sinal biconsonantal 𓃹 e de um complemento fonético 𓈖, que pode ser combinado com os seis determinantes a seguir, mostrados em destaque:

- aberto
  determinante: porta

- pressa
  determinante: pernas correndo

- erro
  determinante: pássaro do mal

- ficar careca
  determinante: cacho de cabelo

- Hermópolis
  determinante: estradas cruzadas

- luz
  determinante: sol com raios

Às vezes, mais de um determinante pode ser usado:

aberto com corte
determinante: faca, força

fugitivos
determinante: pernas, homem, plural

O cartucho de Tutancâmon na página 99, extraído da parte superior de uma caixa decorada encontrada em sua tumba, demonstra os fundamentos logoconsonantais da escrita hieroglífica. Podemos lê-lo a partir de cima.

O junco sozinho é um sinal uniconsonantal com o valor aproximado de *i* (uma vogal em português, mas uma consoante fraca em egípcio).

O tabuleiro com as peças é um sinal biconsonantal com o valor de *mn*.

A água é um sinal uniconsonantal com o valor de *n*. Funcionando (como aqui) como um complemento fonético, ele reforça o som de *n* em *mn*.

Esses três sinais são então lidos como *imn*, o que normalmente é pronunciado como *amon* ou *amun*. (É claro que as vogais estão em grande parte ausentes da escrita das palavras em hieróglifos.) Amon era o deus de Tebas (atual Luxor), visto como rei dos deuses durante o Novo Reinado, quando Tutancâmon governou. Por respeito, seu nome foi colocado em primeiro lugar.

O meio-círculo é um sinal uniconsonantal com o valor de *t*. Ele aparece duas vezes nesse cartucho.

A codorna é um sinal uniconsonantal com o valor de *w*, uma consoante fraca parecida com a vogal *u*.

Este é o triconsonantal *ankh*, sinal que significa "vida" ou "viver" (que mais tarde se tornou a cruz copta ou *crux ansata*, da igreja copta).

25. O cartucho de Tutancâmon demonstra que a escrita hieroglífica egípcia é logoconsonantal. Veja a explicação completa no texto.

Esses quatro símbolos são então lidos como *tutankh*.

O cajado do pastor é um logograma que significa "governante".

A coluna é um logograma para Heliópolis, cidade situada perto do Cairo.

Esta é a planta heráldica do Alto Egito. É um logograma para o Alto Egito.

"Heliópolis do Alto Egito" é outro nome da cidade de Tebas. Então, o cartucho completo é lido: "Tutancâmon, Governante de Tebas".

As inscrições hieroglíficas egípcias foram descritas como "propaganda permanente". Contudo, em sua versão mais refinada, também exalam um certo charme misterioso, mais do que qualquer outra escrita antiga. A habilidosa integração entre os hieróglifos e os objetos que adornam é uma característica exemplar da escrita egípcia. Outro objeto que pertenceu a Tutancâmon é uma moldura de espelho feita de madeira coberta de ouro e com a forma de um *ankh*. O *ankh* é tanto um hieróglifo quanto o símbolo da vida.

Capítulo 6

Alfabetos

Se o surgimento da escrita é repleto de problemas, o enigma sobre o primeiro alfabeto causa ainda mais perplexidade. Que o alfabeto chegou ao mundo moderno por meio dos antigos gregos é fato sabido, já que "alfabeto" deriva das duas primeiras letras do alfabeto grego, alfa e beta. Isto posto, os especialistas não têm uma ideia muito clara de como e quando o alfabeto surgiu na Grécia, cerca de quatro séculos depois do desaparecimento da linear B silábica por volta de 1200 a.C.; de como os gregos pensaram em acrescentar letras que representassem vogais assim como as consoantes da escrita fenícia; e de como, ainda mais fundamentalmente, a ideia de um alfabeto ocorreu às sociedades pré-helênicas na ponta leste do Mediterrâneo durante o segundo milênio antes de Cristo. Os acadêmicos devotaram sua vida a essas questões, mas as evidências são muito escassas para se chegar a conclusões.

O princípio do alfabeto evoluiu de alguma forma a partir das escritas silábicas, logossilábicas e logoconsonantais da Mesopotâmia, do Egito, da Anatólia e de Creta – ou ele surgiu em um "flash" para um único indivíduo desconhecido? E por que era necessário pensar em um alfabeto? Ele foi resultado de necessidades comerciais, como parece mais provável? Em outras palavras, os negócios exigiam uma maneira mais simples e rápida de registrar as transações do que, por exemplo, a escrita cuneiforme da Babilônia ou a hierática egípcia, e também uma maneira prática de escrever a babel de línguas dos diversos impérios e grupos que negociavam entre si no leste do Mediterrâneo durante o segundo milênio antes de Cristo? Se for isso, então é surpreendente não haver absolutamente nenhuma evidência de troca e comércio nas primeiras inscrições alfabéticas da Grécia (diferentemente das tábuas da linear B). Estas e outras considerações levaram acadêmicos como Barry Powell, em seu polêmico livro *Homer and the Origin of the Greek Alphabet* (Homero e a origem do alfabeto grego), a postular que o alfabeto grego foi inventado no século VIII a.C. para escrever os épicos de Homero até então preservados de forma oral.

Na falta de provas, anedotas e mitos preencheram o vazio. Muitas vezes, dizem que foram crianças que inventaram o alfabeto porque elas não teriam feito o esforço de aprender a escrita existente dos adultos – particularmente aqueles escribas adultos que passaram por um cansativo treinamento em escrita cuneiforme ou hieroglífica. Outra possibilidade é uma criança canaanita brilhante de onde agora é o norte da Síria ter se cansado de precisar aprender a escrita cuneiforme, ter tomado a ideia consonantal dos hieróglifos egípcios e inventado alguns sinais novos para os sinais consonantais básicos de sua própria língua semítica. Talvez primeiro ela tenha rabiscado os sinais na areia de alguma antiga rua de Canaã: um simples traçado de uma casa, *beth* (o *bet* em "alfabeto"), tornou-se o sinal de "b". No século XX, Taffimai, a criança que desenha nas paredes de uma caverna protagonista da história de Rudyard Kipling, intitulada "How the Alphabet Was Made" (Como o alfabeto foi feito), do livro *Just So*, desenha o que ela chama de "desenhos barulhentos". A letra A é o desenho de uma carpa com a boca escancarada e as barbas de peixe penduradas como traço transversal do "A"; isso, Taffy conta ao pai, parece com a boca aberta quando soltamos o som *ah*. A letra S representa uma cobra e o seu som sibilante. Dessa maneira um tanto implausível, Taffimai inventa um alfabeto fonético inteiro.

As primeiras inscrições alfabéticas

Em *Jerusalém*, o poeta William Blake escreveu: "Deus... na terrível caverna do Sinai/ Ao Homem foi entregue a maravilhosa arte da escrita". Uma pequena esfinge no British Museum já pareceu mostrar que Blake estava certo, ao menos sobre a origem do alfabeto. A esfinge foi descoberta em 1905 em Serabit el-Khadim, no Sinai, um lugar isolado e distante da civilização, pelo egiptólogo Flinders Petrie. Ele estava escavando algumas antigas minas de turquesa que estavam ativas no tempo do Egito Antigo. Petrie datou a esfinge como sendo da metade da 18ª dinastia (a dinastia de Tutancâmon); acredita-se hoje que seja de cerca de 1500 a.C. Em uma de suas laterais, há uma estranha inscrição. Na outra, e entre as patas, há outras inscrições do mesmo tipo, mais alguns hieróglifos egípcios que dizem: "amada de Hathor, amante da turquesa".

Havia outras inscrições similares e desconhecidas escritas em pedras nessa área remota. Petrie imaginou que a escrita era provavelmente um alfabeto, porque seu signário parecia ter menos de 30 sinais, e pensou que sua língua era provavelmente o semítico, já que ele sabia que semitas de Canaã – atual Israel e Líbano – haviam trabalhado nessas minas para os faraós, em muitos casos como escravos.

Dez anos mais tarde, outro egiptólogo, Alan Gardiner, estudou esses sinais "protossináiticos" e percebeu semelhanças entre alguns deles e certos hieróglifos pictográficos egípcios. Gardiner decidiu nomear cada sinal protossináitico com a palavra semítica equivalente ao significado do sinal em egípcio (as palavras semíticas eram conhecidas por causa dos estudos sobre religião). Assim, o sinal que se parecia com o hieróglifo egípcio para "boi" foi nomeado por Gardiner com a palavra semítica para "boi" – *aleph*. O sinal que se parecia com o hieróglifo egípcio para "casa" foi apelidado de *beth*. O sinal que se parecia com o hieróglifo "bumerangue" foi apelidado de *gimel* e o sinal que se parecia com o hieróglifo "porta" foi apelidado de *daleth*. Esses quatro nomes semíticos são os mesmos que as quatro primeiras letras do alfabeto hebraico – um fato que não surpreendeu Gardiner, já que ele sabia que os hebreus haviam vivido em Canaã no final do segundo milênio antes de Cristo. Começou a parecer que os sinais protossináiticos eram os antecessores do alfabeto hebraico.

A hipótese de Gardiner permitiu que ele traduzisse uma das inscrições que apareciam na esfinge do Sinai. Em sua transcrição para o inglês, com as vogais escritas (diferentemente do hebraico e de outras escritas semíticas desse período inicial), ele leu o nome "Baalat". Isso fazia sentido: Baalat significa "a Senhora" e é um reconhecido nome semítico para a deusa Hathor na região do Sinai. Então, as inscrições na esfinge pareciam ser bilíngues em egípcio e semítico. Infelizmente, nenhuma outra decifração provou-se sustentável, sobretudo por causa da falta de inscrições e pelo fato de que muitos sinais protossináiticos não tinham equivalentes hieroglíficos. As esperanças acadêmicas de encontrar a história bíblica do Êxodo nesses rabiscos do Sinai chegaram ao fim. Mesmo assim, é concebível que uma escrita parecida com a protossináitica tenha sido usada por Moisés para escrever os Dez Mandamentos em uma tábua de pedra.

Ainda não sabemos se a suspeita de Gardiner de 1916 é correta, mas é plausível. Durante algumas décadas depois das descobertas de Petrie no Sinai, as inscrições foram tomadas como sendo o "elo perdido" entre os hieróglifos egípcios e a escrita fenícia (alfabética) do século XI a.C. Mas por que simples mineiros escravizados no Sinai fora do caminho criariam um alfabeto? À primeira vista, eles parecem ser inventores improváveis. Descobertas subsequentes no Líbano e em Israel de um pequeno número de inscrições fragmentadas, quase pictográficas e não decifradas de protocananeu, que se acredita serem um ou dois séculos anteriores às inscrições protossináitica, mostraram que a teoria sináitica do alfabeto era uma fantasia romântica. Elas sugeriam que os canaanitas foram os inventores do alfabeto, o que seria razoável. Eles eram comerciantes cosmopolitas na encruzilhada entre os impérios egípcio, hitita, babilônico e cretense; não estavam ligados a nenhum sistema de escrita; precisavam de uma escrita que fosse fácil de aprender, rápida de escrever e livre de ambiguidades. Apesar de a ideia não estar provada, pareceu provável durante a segunda metade do século XX que os canaanitas tivessem criado o primeiro alfabeto.

Recentemente, no entanto, evidências contrárias apareceram no próprio Egito. Em 1999, dois egiptólogos, John

Coleman Darnell e sua mulher Deborah, fizeram uma descoberta em Wadi el-Hol, a oeste de Tebas, enquanto estavam pesquisando antigas rotas de viagem. Eles descobriram algo que parecia ser uma escrita alfabética que datava entre 1900-1800 a.C., uma data consideravelmente anterior às inscrições protocanaanitas.

As duas inscrições curtas que os Darnell encontraram estavam em uma escrita semítica, e segundo os especialistas os sinais primitivos muito provavelmente foram desenvolvidos de uma maneira parecida com uma forma semicursiva da escrita egípcia. Acredita-se que o autor seja um escriba viajando com um grupo de mercenários (havia muitos mercenários trabalhando para os faraós). Se essa teoria for correta, então parece que a ideia alfabética foi, afinal de contas, inspirada pelos hieróglifos egípcios, mas inventada no Egito e não na Palestina – o que transformaria a teoria de Darnell em uma versão revisada da teoria de Gardiner. Ainda assim, as novas evidências estão longe de ser conclusivas e a busca por mais inscrições continua. O enigma da(s) origem(ns) do alfabeto – no Egito, na Palestina, no Sinai ou talvez em outro lugar – ainda não foi resolvido.

Escrita cuneiforme alfabética

O alfabeto definido mais antigo é o alfabeto cuneiforme de Ugarit, que data do século XIV, posterior à data das inscrições protocanaanitas e protossináiticas, com as quais não é nem um pouco parecido visualmente. A antiga Ugarit (atual Ras Shamra) fica na costa da região norte de Canaã. Seu reino era grande para os padrões canaanitas. Sua capital cobria 52 acres e era muito fortificada. Grandes caravanas de burros convergiam para a cidade vindas da Síria, da Mesopotâmia e da Anatólia para comercializar bens com mercadores de Canaã e do Egito, como também com os mercadores marítimos que chegavam de barco vindos de Creta, Chipre e da região Egeia. A cidade funcionava como um grande bazar. Dez línguas e cinco escritas diferentes eram usadas em Ugarit, que atravessou uma corda bamba entre os egípcios e os hititas; há inscrições bilíngues em cuneiforme ugarítico e hieróglifos hititas.

A escrita dominante no reino parece ter se tornado a cuneiforme acadiana, ao menos no começo. (A Acádia foi um importante reino do terceiro milênio da região centro-norte da Mesopotâmia, perto de Bagdá; a escrita cuneiforme acadiana é anterior à cuneiforme usada para escrever babilônico e assírio, que eram dialetos do acadiano.) Mas então alguém em Ugarit ou algum grupo – talvez mercadores experientes? – decidiu, ao que parece, que a cuneiforme acadiana era um sistema muito complicado e não confiável para escrever a língua nativa da cidade. Em vez disso, foi introduzida a ideia de um alfabeto, presumidamente importada do sul de Canaã (a terra das inscrições protocanaanitas), apesar de não haver evidências para isso. No entanto, em vez de adotar ou adaptar um pequeno conjunto de sinais pictográficos ou quase pictográficos, o povo de Ugarit era conservador: decidiu escrever seu novo alfabeto em cuneiforme. Os sinais inventados, cerca de 30 no total, não têm nenhuma semelhança com os sinais da cuneiforme acadiana – a não ser pelo fato de serem feitos com uma cunha –, assim como os sinais da escrita cuneiforme do antigo persa inventada durante o governo de Dario não têm nenhuma semelhança com os sinais da escrita cuneiforme babilônica.

Mais de mil tábuas de cuneiforme ugarítica foram descobertas desde 1929 e rapidamente decifradas. Consistiam em textos administrativos – correspondência comercial, contabilidade de impostos e outros registros de negócios governamentais – escritos com 30 sinais, e textos literários e religiosos escritos com apenas 27 sinais. Os últimos contêm semelhanças impressionantes, nos temas e até nas frases, com histórias de partes do Antigo Testamento. Parece que essas histórias bíblicas foram registradas muitos séculos antes de serem escritas em hebraico.

Como o(s) inventor(es) da escrita ugarítica decidiu as formas dos sinais e sua ordem? O mais provável é que os sinais mais simples tenham sido aplicados aos sons ouvidos mais comumente. A ordem dos sinais provavelmente foi adaptada do alfabeto protocanaanita (cuja ordem é reconhecidamente desconhecida). Podemos imaginar isso a partir do fato de que algumas tábuas ugaríticas eram "abecedários", isto é, listavam os sinais da escrita cuneiforme em uma ordem fixa que se parece muito com a ordem moderna (a, b, c, d etc.) que usamos quase 3,5 mil anos depois. Outra tábua (quebrada), descoberta apenas em 1955, vai além. Ela lista os sinais da escrita ugarítica cuneiforme na mesma ordem fixa no lado esquerdo e acrescenta perto de cada signo seu equivalente silábico em cuneiforme acadiana à direita. A tábua é, na verdade, uma tábua escolar: podemos imaginar alguma criança infeliz de Ugarit nos últimos séculos do segundo milênio antes de Cristo trabalhando duro sobre os aproximadamente seiscentos sinais acadianos e pensando por que alguém desejaria escrever na escrita acadiana quando uma alternativa alfabética simples estava disponível.

As letras fenícias

Não há uma linha clara de descendência entre as inscrições protocanaanitas da primeira metade do segundo milênio antes de Cristo e a escrita alfabética de 22 letras relativamente estável usada pelos fenícios a partir de cerca de 1000 a.C., a antecessora da escrita hebraica e do alfabeto grego. O ugarítico e sua escrita cuneiforme parecem ter sido varridos do mapa por volta de 1200 a.C. pela enchente de povos do mar. Outra experiência canaanita em criar uma escrita aconteceu na costa sul de Ugarit, em Biblos, em algum momento durante o segundo milênio (a data é bastante incerta). A escrita de Biblos foi chamada de "proto-hieroglífica", insinuando que foi influenciada pela escrita hieroglífica egípcia. Embora isso seja possível, não há certeza, e alguns dos sinais se parecem com a linear A de Creta, uma candidata igualmente possível como influência. De qualquer modo, os "pseudo-hieróglifos" de Biblos não estão decifrados; tudo o que pode ser dito com certeza é que existem cerca de 120 sinais distintos e, por isso, a escrita não pode ser um alfabeto. Parece que ela não teve nenhuma influência na escrita fenícia subsequente.

Ainda assim, outra antiga inscrição de onde hoje é Israel, um óstraco (fragmento de cerâmica com inscrições) datado de cerca do século XII a.C., sugere que a ideia alfabética estava sendo adotada. Ele tem mais de oitenta letras em cinco linhas escritas por uma mão pouco habilidosa e parece ser uma tentativa malsucedida de uma pessoa semiletrada de escrever um abecedário, que depois de algumas letras degenerou para uma coleção de sinais aleatórios sem significado.

As inscrições fenícias reconhecíveis mais antigas vêm de Biblos. Elas datam do século XI a.C. e inauguram uma escrita que continuaria a ser usada por todo o Mediterrâneo durante o milênio seguinte e mais adiante. Sua variante mais recente, encontrada em Cartago, a cidade fenícia na costa do norte da África perto da atual Túnis, é conhecida como escrita púnica. Ela influenciou a escrita dos antigos líbios – existem inscrições bilíngues púnico-líbias do século II –, que foram os ancestrais dos berberes, os atuais habitantes nativos do norte da África. Essa inscrição líbia forneceu um protótipo para Tifinagh, que significa "ideogramas", o alfabeto usado hoje em dia pelos tuaregues, uma tribo berbere. (A maior parte das línguas na África é escrita tanto com a escrita árabe, como o suaíli, quanto com o alfabeto romano, sendo que existem apenas algumas outras escritas nativas, com destaque para o silabário vai da Libéria da década de 1820.)

Os fenícios eram os grandes comerciantes do mundo antigo, os quais partiam das suas cidades-estado, como Biblos, Sidon e Tyre, exploravam o Mediterrâneo e a costa do Atlântico e podem até ter navegado em torno da África, mais de dois mil anos antes dos portugueses. Entre os seus itens de comércio mais importantes estava a tinta roxa extraída de um molusco; na verdade, "fenício" era uma palavra grega (usada pela primeira vez na *Ilíada* de Homero) e acredita-se que significava "comerciante de roxo". Não sabemos muito sobre os fenícios, comparado ao que sabemos sobre os antigos egípcios e gregos, porque eles deixaram poucos registros e quase nenhuma literatura, mas podemos dizer a partir de suas inscrições que sua escrita ia com eles aonde quer que se aventurassem. Os nomes de suas 22 letras – que começam com *aleph*, *beth*, *gimel* e *daleth* – eram os mesmos que aqueles usados pelos hebreus e na atual escrita hebraica. Os fenícios não indicavam vogais, apenas consoantes. Se aplicarmos seu venerável alfabeto a uma das inscrições fenícias mais antigas – feita no século XI no impressionante sarcófago do rei Ahiram de Biblos –, receberemos o seguinte aviso um tanto sinistro: "Cuidado! Atente [que há] um desastre para você aqui embaixo".

A família dos alfabetos

A partir de suas origens nebulosas, provavelmente entre os canaanitas, a escrita que emprega o princípio alfabético espalhou-se. Ela se moveu para oeste, por meio dos gregos e dos etruscos, passando pelos romanos até chegar à Europa atual; e à leste, muito provavelmente via o aramaico, para a Índia e depois para o sudoeste da Ásia – presumindo-se que olhemos para as escritas indianas como alfabetos (uma classificação que já questionamos). No século XX, como consequência dos impérios coloniais, a maioria dos povos do mundo – exceto os chineses e os japoneses – estavam usando escritas alfabéticas. A maioria dos alfabetos usa entre 20 e 40 sinais básicos, como mencionado anteriormente, mas alguns poucos têm menos e vários têm mais do que esses números. Rotokas, o alfabeto de uma língua falada por cerca de quatro mil pessoas na ilha de Bougainville, em Papua Nova Guiné, têm apenas doze letras. O alfabeto Khmer do Camboja usado em Angkor Wat, uma escrita de origem indiana, tem talvez 74 sinais, dos quais 33 são símbolos consonantais e o restante faz parte de um sistema vocal complexo fora do comum.

Os etruscos, que passaram o alfabeto grego para os romanos, inscreveram muitos objetos com seu alfabeto. Um exemplo fascinante, um vaso ou tinteiro preto com a forma de um galo caminhando inscrito com um alfabeto branco, data do final do século VII a.C. Na Mesopotâmia, por volta do século V a.C., muitos documentos cuneiformes traziam uma anotação do seu conteúdo no alfabeto aramaico, pintada na tábua de argila com um pincel. A partir da época de Alexandre, o Grande, a escrita cuneiforme e os hieróglifos egípcios foram cada vez mais substituídos pelos alfabetos aramaico e grego. No Egito, por volta do século IV d.C., o alfabeto cóptico havia suplantado a escrita hieroglífica e demótica.

A linha do tempo a seguir mostra como algumas escritas alfabéticas modernas importantes surgiram a partir das escritas protossinaítica/canaanita. Ela não inclui as escritas indianas, já que sua conexão com o aramaico é problemática e, falando-se estritamente, apenas provada em termos. E também não apresenta escritas alfabéticas mais tardias, como o alfabeto cirílico, o hangul da Coreia e o tifinagh dos tuaregues. Além disso, omite as runas esculpidas do norte da Europa (especialmente da Escandinávia) e os oghams da antiga Escócia e Irlanda, dado que suas origens não são conhecidas, embora o alfabeto rúnico, que data do segundo século d.C. ou antes, tenha sido claramente influenciado pelo

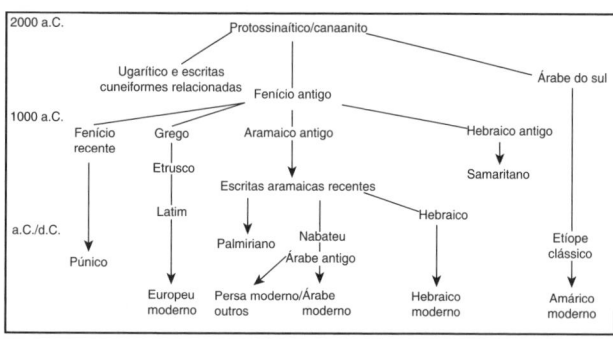

26. A evolução das principais escritas alfabéticas europeias está bem-estabelecida, exceto pelas origens do alfabeto na primeira metade do segundo milênio antes de Cristo. A escala de tempo mostrada aqui é aproximada.

27. Esta colorida capa de uma revista infantil bengali foi criada em 1988 pelo diretor de cinema Satyajit Ray, que também era um conhecido designer gráfico, ilustrador e escritor. O título da revista é *Sandesh*, uma palavra bengali que significa tanto "doce" quanto "notícias". A cabeça e o tronco do elefante formam a consoante bengali "s", que tem uma vogal "a" inerente; a frente do corpo mais a segunda e a terceira pernas formam a consoante conjunta bengali "nd" (feita com o sinais de "n" e "d"); a primeira perna é a vogal "e", na forma de um diacrítico precedendo o conjunto; a parte de trás do corpo e a quarta perna formam a consoante bengali "sh". As escritas indianas modernas, embora sejam comumente tratadas como alfabetos, na verdade são uma fusão incomum entre um alfabeto e um silabário.

alfabeto romano. Por fim, omite o chamado "alfabeto" cherokee, inventado nos Estados Unidos em 1821 pelo guerreiro cherokee Sequoyah. Esse sistema notável, com 86 sinais, é na verdade um silabário, não um alfabeto, baseado em grande parte na relação estabelecida entre valores silábicos e letras individuais do alfabeto romano.

Os gregos e o alfabeto

O historiador grego Heródoto chamava o alfabeto de *phoinikeia grammata*, "letras fenícias"; elas foram trazidas para a Grécia, ele dizia, pelo lendário Kadmos. Cerca de 2500 anos mais tarde, não fomos muito além disso na determinação da origem do alfabeto grego. Todo estudioso concorda que os gregos tomaram emprestado o alfabeto dos fenícios, mas a maioria agora acredita que isso aconteceu entre os gregos que viviam na Fenícia (uma região de Canaã), de onde ele se espalhou para o país materno.

Talvez possamos visualizar um mercador grego sentado com um professor fenício copiando os sinais e os sons, conforme o fenício pronunciava cada sinal. A margem para distorção era considerável, porque os nomes "bárbaros" das letras fenícias não devem ter saído de forma natural da língua de um grego. Imagine como um ouvido destreinado não consegue distinguir entre *rue* (rua) e *roux* (avermelhado) em francês. Cada língua oferece muitos exemplos parecidos. (O "alfabeto" maia de Diego de Landa é um ótimo.) Então, o *aleph* (boi) fenício tornou-se *alpha* em grego, *beth* (casa) tornou-se *beta*, *gimel* (bumerangue) tornou-se *gamma*, e assim por diante. Nesse processo, os nomes perderam seu significado (como acontece em "alfabeto"). As 22 consoantes fenícias foram adotadas como consoantes gregas *e* vogais, e alguns sinais novos foram acrescentados, o que variou de lugar para lugar na Grécia, criando diversas variações do alfabeto grego. Embora a introdução das vogais tenha sido uma grande inovação, aparentemente ela aconteceu não por causa de uma intenção de um grego para adaptar o alfabeto,

Fenício	Nome	Valor fonético	Grego antigo	Grego clássico	Nome
𐤀	aleph	ʼ	A	A	alpha
𐤁	beth	b	B	B	beta
𐤂	gimel	g	ʌ	Γ	gamma
𐤃	daleth	d	Δ	Δ	delta
𐤄	he	h	∃	E	épsilon
𐤅	waw	w	ϝ		digamma
𐤆	zayin	z	I	Z	zeta
𐤇	ḥeth	ḥ	⊟	H	eta
𐤈	teth	ṭ	⊗	θ	theta
𐤉	yod	y	ʔ	I	iota
𐤊	kaph	k	ʞ	K	kappa
𐤋	lamed	l	ʌ	Λ	lambda
𐤌	mem	m	M	M	mu
𐤍	nun	n	Y	N	nu
𐤎	samekh	s			xi
𐤏	ayin	ʻ	O	O	omicron
𐤐	pe	p	⌐	Π	pi
𐤑	sade	s	M		san
𐤒	qoph	q	φ		qoppa
𐤓	reš	r	ʠ	P	rho
𐤔	šin	sh/s	≶	Σ	sigma
𐤕	taw	t	X		tau
				Y	upsilon
				X	chi
				Ω	omega

28. Os gregos tomaram emprestadas as formas de suas letras e muitos de seus nomes do estabelecido alfabeto fenício, como, por exemplo, *alpha / aleph, kappa / kaph.*

mas porque ele não conseguia encontrar outra maneira de transferir determinada consoante fenícia para o grego. As consoantes em questão são "fracas", às vezes conhecidas como semivogais. Assim *aleph*, a pausa glotal consonantal fraca pronunciada como um *ah* tossido, soava os ouvidos gregos como uma maneira engraçada de dizer *a*.

Há duas grandes dificuldades para decidir a data da invenção do alfabeto grego. Primeiro, a inscrição alfabética mais antiga conhecida no continente data apenas de cerca de 730 a.C. Segundo, não há nenhum documento prático ou de negócios conhecido por mais de duzentos anos após o surgimento do alfabeto.

Antes da decifração da linear B em 1952, os gregos eram vistos como iletrados até a chegada do alfabeto. Desde a decifração, tornou-se comum imaginar uma "Era da Escuridão" de iletrados na Grécia entre a queda dos gregos homéricos e o surgimento dos gregos clássicos depois de 800 a.C. Esta ainda é a visão ortodoxa. Alguns estudiosos, porém, acreditam que a Era da Escuridão é uma ficção e que os gregos tinham o conhecimento da escrita alfabética muito antes do século VIII a.C., talvez até em 1100 a.C. A principal evidência a favor dessa teoria é que a direção das inscrições do grego antigo é instável: às vezes ela vai da direita para a esquerda, às vezes da esquerda para a direita, às vezes bustrofédon. Contudo, a direção da escrita fenícia, ela mesma instável antes de cerca de 1050 a.C., *era* estável, da direita para a esquerda, provavelmente por volta de 800 a.C. Então, argumenta-se que os gregos devem ter tomado emprestada a escrita fenícia na fase inicial de seu desenvolvimento, e não depois de ela ter se estabelecido.

A data da invenção – algo entre 1100 e 800 a.C. – é por isso polêmica. A questão provavelmente só será resolvida com a descoberta de inscrições alfabéticas gregas anteriores ao século VIII a.C. (como aconteceu com a linear B em Cnossos em 1900).

Ainda mais polêmico é o *porquê* de a escrita alfabética ter surgido de repente. Certamente é extraordinário que não haja nenhum documento econômico entre as primeiras inscrições gregas. Em vez disso, os usuários do antigo alfabeto de todas as partes da Grécia demonstram preocupações particulares, quase literárias; a inscrição de 730 a.C. mencionada antes, escrita em um vaso, que provavelmente era um prêmio, refere-se "àquele que dança de maneira mais delicada". Se as inscrições econômicas existiram em algum momento em materiais perecíveis e simplesmente desapareceram, por que nenhum traço delas sobreviveu, nem mesmo em pedaços de cerâmica?

Uma solução para a confusão, considerada seriamente, é que o inventor do alfabeto foi um brilhante contemporâneo de Homero que estava inspirado para registrar seus épicos. O sistema fenício sem vogais provou-se inútil para a tarefa de escrever versos épicos, então um sistema de escrita novo com vogais e sutilezas rítmicas era necessário. Apesar de haver bons fundamentos para essa teoria, certamente é provável que o conhecimento de tal feito teria sido preservado pelos próprios gregos. Mas – infelizmente para os românticos – não há nenhuma pista na tradição grega de que Homero e a origem do alfabeto estejam ligados.

O grego e as letras latinas

Havia mais de um alfabeto na antiga Grécia, como já foi dito. Os sinais alfabéticos do grego clássico, que ainda estão em uso na Grécia, são conhecidos como o alfabeto ioniano. Eles não eram compulsórios em documento atenienses até 403-402 a.C. Muito antes disso, os colonizadores gregos levaram uma escrita um pouco diferente, o alfabeto euboeano, para a Itália. Este era o alfabeto utilizado pelos etruscos, com algumas modificações, e então adotado pelos romanos.

A razão pela qual as formas das letras modernas europeias e gregas são diferentes pode, portanto, estar ligada ao uso do alfabeto euboeano na Itália a partir de 750 a.C. Por exemplo, as letras A e B descendem do mesmo sinal tanto no alfabeto euboeano quanto no alfabeto ioniano, enquanto que o C e o D descendem das formas euboeanas C e D, que são diferentes das formas ionianas preservadas nas modernas letras gregas Γ e Δ.

Como um exemplo das modificações etruscas e romanas, pense no gamma euboeano. O etrusco não tinha necessidade de um sinal para a pausa pronunciada *g*, então C tomou o lugar do valor fonético *k* (como no inglês *think*); um sinal antes do *a* (*ka*), um segundo sinal antes de *e* e *i* (*ce*, *ci*), um terceiro sinal antes do *u* (*qu*). A forma latina de escrever inicialmente adotou esse sistema, mas já que a língua latina (diferentemente do etrusco) tinha a pausa vocalizada *g*, a antiga letra latina "C" podia ser pronunciada tanto como *k* (como em Caesar pronunciado *Kaisar*) quanto como *g* (como em Caius pronunciado *Gaius*); mais tarde, os romanos introduziram uma nova letra G para acabar com a ambiguidade dessa distinção fonética.

A escrita romana/latina, por sua vez, foi ligeiramente modificada a caminho de se tornar sua equivalente inglesa moderna. Há quatro sons em anglo-saxão para os quais não havia contrapartida em latim:

1. /w/ começou a ser escrito com símbolo rúnico Ᵽ, conhecido como wynn. Em inglês médio, isso foi substituído por "uu" ou "w"; é raramente encontrado depois de 1300.
2. /θ/ e /ð/ – como no inglês moderno *thin* e *this* – começaram a ser escritos com o símbolo rúnico conhecido como *thorn*, þ. A isso foi mais tarde acrescentado o símbolo ð, que era chamado de *eth*. Em inglês médio, ambas as letras foram substituídas pelo "th". Contudo, o þ sobreviveu no "Y" (representando "Th") da forma moderna artificial "Ye Olde English Tea Shoppe".
3. /a/ – como no inglês moderno *hat* – era representado usando o dígrafo latino æ, que começou sendo chamado *ash*, segundo o nome do símbolo rúnico que representava o mesmo som. Em inglês médio, isso

também caiu em desuso, provavelmente como resultado da mudança dos sons.

No leste europeu, o alfabeto cirílico, usado atualmente para escrever o russo, tornou-se a escrita de mais de sessenta línguas. Ele tinha originalmente 43 letras, a maioria das quais parece derivar das escritas gregas da época. Afirma-se que seu inventor foi St. Cyril (c. 827-69), a quem foi confiada a missão pelo imperador bizantino Constantino a pedido do rei eslavo da Morávia; o rei queria uma escrita que fosse independente da igreja romana, que reconhecia apenas as escritas hebraica, grega e latina para a Bíblia. Esta é a lenda. Na verdade, Cyril parece ter criado o alfabeto glagolítico; a escrita cirílica foi criada mais tarde. O cirílico acabou ocupando o lugar do glagolítico no século XII.

Runas

Desde o século II d.C., os símbolos rúnicos esculpidos em pedra, metal e madeira eram usados para registrar os primeiros estágios das línguas gótica, dinamarquesa, sueca,

29. Este detalhe é do Livro de Kells, que data de antes de 807 d.C. Mantido na biblioteca da Trinity College, em Dublin, o manuscrito registra os evangelhos na chamada escrita insular desenvolvida por monges irlandeses a partir da escrita uncial usada nos documentos romanos oficiais a partir do século III d.C. (o termo latino *litterae unciales* significa "letras da altura de uma polegada"). Cada monastério desenvolveu sua própria variante característica de unciais.

norueguesa, inglesa, frísia e frâncica, bem como as diversas línguas tribais da Germânia central. Esses povos, portanto, não eram iletrados, como muitas vezes se pensa, antes do período em que se tornaram cristãos e começaram a usar o alfabeto romano.

Não sabemos onde e quando as runas foram inventadas. Descobertas de antigos objetos com runas inscritas no leste europeu, em Pietroassa, na Romênia; Dahmsdorf, na Alemanha central; e em Kowel, na Rússia, indicam que as runas podem ter sido inventadas nessa região, talvez pelos godos na fronteira do Danúbio ou ao lado do rio Vístula. Outra hipótese aponta as semelhanças entre as runas e os ideogramas usados nas inscrições dos vales alpinos do sul da Suíça e do norte da Itália e chega a atribuir a invenção a germanos romanizados daquela área. Uma terceira hipótese prefere apontar uma das tribos germânicas da Dinamarca, talvez do sul da Jutlândia, como um dos progenitores das runas; muitas das inscrições mais antigas vêm dessa área, e antigos textos rúnicos continuam a ser encontrados em diversas regiões da Dinamarca. Todavia, em um ponto todos os estudiosos das runas concordam: o alfabeto romano exerceu algum tipo de influência sobre a escrita rúnica.

O alfabeto rúnico tem 24 letras organizadas de uma forma peculiar, conhecida como *futhark* por causa de suas seis primeiras letras. A escrita pode ser feita da esquerda para a direita, da direita para a esquerda ou até bustrofédon, no período inicial. Um letra individual poderia ser invertida em algumas ocasiões, aparentemente sem razão, e até mesmo colocada de ponta cabeça. Não havia diferença entre maiúsculas e minúsculas.

Algumas letras rúnicas obviamente têm uma relação com as letras do alfabeto romano "R", "I" e "B". Outras podem ser adaptações de letras romanas, especialmente "F", "U" (V invertido romano), "K" (C romano), "H", "S", "T" e "L" (L invertido romano). Outras runas, como aquelas que representam g, w, j e p, quase não se parecem com as formas romanas com mesmo valor fonético.

Mesmo que as inscrições rúnicas geralmente possam ser "lidas" – tal como as inscrições etruscas –, seu significado costuma ser uma incógnita por causa da nossa falta de conhecimento sobre as antigas línguas germânicas. Daí a origem da expressão inglesa "ler as runas" – que significa fazer uma suposição com base em evidências escassas e ambíguas. Um estudioso das runas, R. I. Page, ressaltou ironicamente que a Primeira Lei da Runodinâmica é "que para cada inscrição deve haver tantas interpretações quanto há estudiosos trabalhando nelas".

Capítulo 7

Escritas chinesa e japonesa

Para entender as escritas do leste da Ásia, precisamos começar com as línguas da China. O que o mundo fora da China chama de língua chinesa é, na verdade, um conjunto de oito línguas regionais (ou "dialetos regionais", em termos linguísticos) que não são inteligíveis entre si e dezenas, se não centenas, de verdadeiros dialetos. Mais de 70% dos chineses, no entanto, falam uma única língua, conhecida por vários nomes: mandarim (o nome mais conhecido fora da China), putonghua ("fala comum"), guoyu ("língua nacional") e chinês padrão moderno. Esses termos não são completamente equivalentes, mas o ponto essencial é que o chinês moderno *escrito* é baseado em apenas uma língua. Foi a predominância dos falantes do mandarim na China, tanto no período clássico quanto hoje, que forneceu a base para o mito da inteligibilidade universal dos ideogramas chineses, conhecidos como *hanzi* em mandarim. Segundo essa antiga (ainda que falsa) noção, todos os falantes da língua que usam, ou usaram no passado, uma escrita baseada em hanzi, como o cantonês, o japonês, os coreanos e o vietnamita, podem entender-se por escrito, mesmo que sua língua seja muito diferente do mandarim.

O chinês pertence à família das línguas sino-tibetanas, que podem ser levemente comparadas com a família indo-europeia. Os diversos dialetos regionais chineses, como o yue (cantonês) e o wu (falado na região de Shangai), seriam então análogos ao inglês, holandês e alemão no grupo germânico ou ao francês, espanhol e italiano no grupo românico; já os dialetos do mandarim, como aqueles falados em Beijing e Nanking, seriam comparáveis aos dialetos britânico, americano e australiano do inglês ou aos dialetos napolitano, romano e toscano do italiano. Assim como os falantes do inglês e os falantes do alemão não conseguem entender a literatura uns dos outros (apesar de compartilharem do mesmo alfabeto romano), os falantes de cantonês não conseguem entender adequadamente o chinês moderno escrito de maneira adequada sem aprender a falar mandarim. O cantonês é tão próximo do mandarim quanto, por exemplo, o espanhol é do francês, mas as diferenças gramaticais, de vocabulário e pronúncia ainda são grandes.

Por exemplo, há seis tons em cantonês e apenas quatro em mandarim: alto e constante, médio crescente, baixo crescente e alto decrescente. (O japonês não tem tons parecidos com os chineses.) Os tons em chinês acabam com a ambiguidade de um grande número de palavras que de outra maneira seriam homófonas; quando, como acontece com frequência, os estrangeiros ignoram os tons, eles concluem naturalmente que o chinês é uma língua ainda mais "difícil" do que realmente é. Assim, *ma*, sem a indicação de tom, pode significar "mãe", "cânhamo", "cavalo" ou "ralhar"; *shuxue* pode significar "matemática" ou "transfusão de sangue"; *guojiang* pode significar "você me agrada" ou "pasta de fruta". Com a indicação do tom, os diferentes significados podem ser claramente distinguidos. Por escrito, em vez de tons, em geral a distinção é feita pela combinação de diferentes ideogramas com um ideograma com o mesmo valor fonético, para criar um novo ideograma.

Classificação dos ideogramas

Como milhares de ideogramas chineses podem ser analisados e classificados a fim de, por exemplo, fazer um dicionário? Não há uma resposta simples. Tradicionalmente, os ideogramas são divididos em cinco (alguns diriam seis) grupos, de acordo com o princípio de sua composição.

O primeiro grupo consiste em logogramas pictográficos, como aqueles encontrados nos antigos ossos-oráculos. O segundo grupo representa palavras não de maneira pictórica, mas com outros logogramas visualmente lógicos. Por exemplo, os números um, dois, três são representados por uma, duas e três linhas. Outro exemplo é:

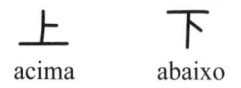

上　　下
acima　　abaixo

Podemos chamar esse grupo de "representacionais simples".

No terceiro grupo, que pode ser chamado de "representacionais compostos", a lógica é mais complexa: no nível das ideias, e não do âmbito visual. Um exemplo de que todos gostam é a combinação dos ideogramas do sol e da lua para formar "claro":

日　　月　　明
sol　　lua　　claro

O quarto grupo tem a ver com o princípio de rébus. Na página 43, o ideograma para "trigo" foi usado para "vir", porque a palavra para trigo, *lái*, é homófona com a palavra chinesa para "vir". Outro exemplo é o ideograma para "elefante", que também é usado para "imagem", porque ambas as palavras são pronunciadas *xiàng*.

O último grupo, muitas vezes nomeado de "semântico-fonético", refere-se à combinação de um ideograma indicando o significado de uma palavra com um ideograma indicando a pronúncia. Assim, o ideograma semântico para "pessoa do sexo feminino" é combinado com o ideograma que tem o valor fonético *mǎ* para criar um novo ideograma que significa "mãe":

女　+ 馬 = 媽

"pessoa do sexo feminino" + mǎ = "mā" (mãe)

Note que o componente fonético não dá a pronúncia precisa: os tons diferem. A diferença é crucial, já que *mǎ* significa "cavalo".

Muitas vezes se imagina que o significado de "mãe" realmente deriva de uma combinação de duas ideias, sem nenhum elemento fonético envolvido. Ou seja, mulher + cavalo = mãe ("cavalo fêmea") – em vez de ser derivada da combinação de uma ideia com um símbolo fonético. Contudo, essa explicação "ideográfica", por mais tentadora que possa parecer (não para as mães sobrecarregadas), não tem fundamento e é um bom exemplo das más interpretações dos ideogramas chineses que abundam. Não é correto pensar em ideogramas chineses como ideográficos (ou puramente logográficos) nesse sentido; sempre há um elemento fonético na escrita chinesa.

O número de ideogramas nos cinco grupos não permaneceu constante ao longo do tempo. Havia uma grande proporção de ideogramas pictográficos durante a dinastia Shang que agora não o são mais. A maioria dos ideogramas hoje, mais de 90%, são da variedade "semântico-fonética".

Saber que uma palavra chinesa é pronunciada e escrita de certa maneira não permite que seu significado seja encontrado em um dicionário chinês. Os chineses não produziram um único dicionário com as entradas organizadas em ordem alfabética simples – com, por exemplo, o ideograma pronunciado *xiàng* vindo depois no dicionário que o ideograma pronunciado *mǎ* ("x" normalmente vem depois do "m"). Em vez disso, eles inventaram um grande número de outros esquemas baseados na *forma* dos ideogramas, e não em sua pronúncia ou em seu significado.

Alguns dicionários organizam os ideogramas pelo número de traços necessários para desenhar determinado ideograma, uma série de movimentos martelados nos escritores de chinês na escola. É comum ver usuários de dicionários chineses contando o número de traços em seus dedos. Podem ser vinte traços ou mais. Quando o número de traços é contado erroneamente, é preciso fazer uma busca demorada na área próxima ao número de traços imaginado.

Mais popular é o sistema "radical-traço", empregado pelo primeiro dicionário chinês, que foi compilado no século

II d. C. Ele organizava seus 9.353 ideogramas dentro de 540 chaves semânticas ou "radicais", tais como "água", "vegetação", "inseto"; o número de chaves foi depois reduzido para 214. Esses radicais, por sua vez, eram organizados de acordo com o número de traços – de 1 a 17 – com uma ordem fixa imposta nos radicais que tinham o mesmo número de traços. Para usar o dicionário, deve-se determinar sob qual radical a palavra em questão pode ser classificada – muitas vezes uma decisão difícil. O radical no ideograma para "mãe" provavelmente poderia ser classificado dentro de "pessoa do sexo feminino". Um dicionário conhecido continha uma "Lista de ideogramas com radicais obscuros" que incluía um doze avos dos seus 7.773 ideogramas!

O sistema "radical-traço" de 214 radicais permaneceu sendo o padrão até a década de 1950. Atualmente, com os ideogramas simplificados (introduzidos a partir de 1955), os dicionários organizam os radicais entre 186 e 250 categorias; não há um padrão. O caos resultante – como se os dicionários ocidentais usassem diferentes ordens entre A e Z – pode ser facilmente imaginado.

O componente fonético dos ideogramas chineses também pode ser usado para classificá-los – falando em termos gerais, de maneira silábica. Os falantes nativos do chinês geralmente deixam essa abordagem para os estrangeiros com mentalidade fonética, que no passado eram na maioria missionários. Um deles, W. E. Soothill, classificou cerca de 4.300 ideogramas com base em 895 fonemas durante a década de 1880.

Cada coluna do "silabário de Soothill" é encabeçada por um fonema, como, por exemplo, *mă*. A pronúncia dos ideogramas em uma coluna segue esse componente fonético de perto; porém, na aparência e no número de traços, sem mencionar o significado, os ideogramas de uma coluna diferem enormemente. Se escolhemos algumas colunas fonéticas e então selecionamos caracteres que partilham um componente semântico semelhante (radical), podemos criar uma tabela semântico-fonética, com suas colunas sendo classificadas pelo mesmo componente, ou outro parecido, e suas colunas pelo componente semântico similar.

Na coluna sob o componente fonético 264, *áo*, o fonema é um bom guia para a pronúncia dos quatro ideogramas, que são uma combinação do fonema 264 com os componentes fonéticos 9 ("pessoa"), 64 ("mão"), 75 ("madeira") e 85 ("água"): os quatro ideogramas combinados são pronunciados *áo* ("orgulhoso"), *áo* ("chacoalhar"), *āo* ("balsa") e *áo* ("riacho"). Mas se, em vez disso, seguirmos uma linha da tabela, já que todos os ideogramas têm o mesmo componente semântico 9 para "pessoa", o componente semântico *não* é um bom guia para o significado: o componente semântico 9, combinado com os fonemas 264, 282, 391 e 597, gera quatro ideogramas que não têm nenhuma ligação óbvia com "pessoa", significando "orgulhoso", "bom", "sortudo" e "ajuda" (cada um pronunciado de forma muito diferente, é claro). Em geral, o componente fonético de um ideograma oferece uma melhor orientação para a pronúncia do que o componente semântico para o significado – ao contrário das previsões dos estudiosos que sustentam que o chinês é uma língua essencialmente logográfica (ou "ideográfica") na qual o foneticismo é praticamente insignificante.

Na prática, os falantes nativos usam as pistas tanto semânticas quanto fonéticas na hora de ler os ideogramas. Imagine esses dois ideogramas que partilham do mesmo valor fonético 丁:

A 仃 *dīng* ("sozinho")
B 汀 *tīng* ("barreira de areia")

A pronúncia desse componente fonético (fonética 2 no silabário de Soothill) é *dīng*. Ele representa a pronúncia de tipo A exatamente e a pronúncia de tipo B com 75% de precisão (três fonemas, *i*, *ng* e tom, entre todos os quatro fonemas possíveis). O componente semântico em cada caso também é relevante, apesar de muito menos que o fonético: em A, 亻 (semântica 9) sugere "pessoa" (compare com "sozinho"), em

B 冫 (semântica 85) sugere "água" (compare com "barreira de areia"). Um leitor chinês poderia começar o processo adivinhando o significado e a pronúncia desses ideogramas tanto com o componente fonético quanto com o semântico. Todavia, em ambos os casos, ele precisaria ter *aprendido* antes o significado dos três componentes; suas formas sozinhas não o ajudariam em nada.

Assim, para um falante nativo, a leitura dos ideogramas chineses é em parte feita de memória e em parte é uma habilidade para identificar as conexões. Ela certamente não se parece – apesar das afirmações em contrário – com uma forma altamente sofisticada de pictografia ou com a memorização e a recuperação de vários milhares de números de telefones. Os leitores chineses não são funcionários do telégrafo do passado recente que convertiam cada ideograma em um código de quatro dígitos padrão. (Ao usar esse código, "chegar amanhã no almoço" seria enviado como 2494 1131 0022 0582 0451.) Por mais intimidadores que os ideogramas chineses possam parecer para o estudante estrangeiro, não são absolutamente aleatórios.

30. O estudioso prepara-se para escrever em *As quatro alegrias de Nan Sheng-lu*, 1649, de Chen Hongshou. Seu peso de papel é um leão esculpido; à sua frente estão uma tigela de água com uma concha, tinta em barra, uma pedra de tinta com tinta moída dentro; à sua esquerda estão uma jarra de vinho, uma taça e um limão em uma tigela. O único item que falta é o pincel.

A Escrita Japonesa

A língua japonesa possivelmente pertence à família altaica (junto com o mongol e o turco) e provavelmente está relacionada com o coreano, mas é tão diferente do chinês do ponto de vista do sistema fonológico, da gramática e das estruturas sintáticas como duas línguas podem ser. Mesmo assim, os japoneses basearam o seu sistema de escrita nos ideogramas chineses, aos quais se referem como *kanji*, sua aproximação para o termo *hanzi* em mandarim. Ao tomar os ideogramas emprestados, os japoneses alteraram a pronúncia mandarim dos kanjis de modos específicos que correspondiam aos sons do japonês.

Os japoneses acabaram criando, na primeira metade do primeiro milênio depois de Cristo, um conjunto bastante pequeno de símbolos fonéticos complementares – que, na verdade, são versões simplificadas dos kanjis –, conhecidos como *kana*, para tornar claro como os kanjis sino-japoneses deveriam ser pronunciados e também como deveriam ser transcritas as palavras nativas (japonesas). Teria sido mais simples, pode-se pensar com razão, se os japoneses tivessem usado *apenas* esses kanas inventados e abandonado os ideogramas chineses de uma vez – mas isso significaria a rejeição de um sistema de escrita de grande prestígio. Assim como o conhecimento de latim era até recentemente um requisito básico para o europeu estudado – tal como era o conhecimento do sumério, a mais antiga língua literária da Mesopotâmia, para aqueles que estudavam na Acádia no segundo milênio antes de Cristo –, a familiaridade com o chinês sempre foi considerada essencial para os literatos japoneses. Isso ainda é verdade no Japão, embora o fardo de ler os kanjis, combinado com sua relativa incompatibilidade com a computação, tenha levado a um certo declínio do seu status se comparado com os kanas e o alfabeto romano. (Por isso, houve o aumento da popularidade dos quadrinhos japoneses, *mangá*, que contêm relativamente poucos kanjis.)

Assim, a obra mais antiga da literatura japonesa, *Kojiki*, uma antiga história do Japão terminada em 712 d.C., tem o

31. *Kojiki*, a obra mais antiga da literatura japonesa, foi escrita em ideogramas chineses (kanji), anotada com símbolos fonéticos japoneses menores (kana). Essa cópia foi impressa a partir de blocos de madeira em 1803.

texto principal em kanji. Escritos ao lado desses ideogramas, no entanto, estão kanas japoneses menores, símbolos silábicos que indicam a pronúncia japonesa de cada kanji.

Kana, kanji e romaji

Existem duas variedades de kana, conhecidos como *hiragana* ("kana fácil") e *katakana* ("kana lateral"). Cada um consiste em cerca de 46 sinais aumentados por dois diacríticos especiais (não mostrados na página 130) e por uma técnica de combinação de símbolos para representar sílabas complexas. Note que as linhas curvas são relativamente comuns nos hiraganas, enquanto as linhas retas tendem a ser características dos katakanas.

Por que *dois* silabários? Originalmente, os hiraganas eram usados na escrita informal, e os katakanas para obras mais formais, como documentos oficiais, histórias e obras lexicais. Hoje em dia, os hiraganas são a escrita empregada com mais frequência, e os katakanas servem mais ou menos à mesma função que o itálico nas escritas alfabéticas. Os termos e nomes estrangeiros recentemente tomados de empréstimo pelo japonês são quase sempre escritos em katakana. Por exemplo, "restaurante francês" é escrito com nove katakanas como "fu-ra-n-su-re-su-to-ra-n"; "Clint Eastwood" é "Ku-ri--n-to-I-su-to-u-tsu-do" (não existe o som *l* em japonês).

Uma alternativa para as palavras de origem estrangeira é usar *romaji*, palavras escritas no alfabeto romano. Durante a década de 1980, o alfabeto romano começou a invadir a escrita japonesa por meio da publicidade. Palavras que antes seriam escritas com katakanas nas revistas, nos jornais, na televisão e nos outdoors de repente começaram a ser escritas em letras romanas, mesmo no meio de uma frase escrita com kanas ou kanjis. Como o responsável pelo departamento de desenvolvimento de produtos da Sony ressaltou em 1984, a palavra romana *love* pode ser escrita na mochila de uma criança, porque tem "uma certa fofura e charme", mas o kanji chinês para "amor" não poderia ser usado: "Ele carre-

a	ka	sa	ta	na	ba	ma	ya	ra	wa
あ	か	さ	た	な	は	ま	や	ら	わ
ア	カ	サ	タ	ナ	ハ	マ	ヤ	ラ	ワ

i	ki	shi	chi	ni	bi	mi		ri	
い	き	し	ち	に	ひ	み		り	
イ	キ	ツ	チ	ニ	ヒ	ミ		リ	

u	ku	su	tsu	nu	fu	mu	yu	ru	
う	く	す	つ	ぬ	ふ	む	ゆ	る	
ウ	ク	ス	ツ	ヌ	フ	ム	ユ	ル	

e	kesu	se	te	ne	be	me		re	
え	け	せ	て	ね	へ	め		れ	
エ	ケ	セ	テ	ネ	ヘ	メ		レ	

o	ko	so	to	no	bo	mo	yo	ro	(w)o	n
お	こ	そ	と	の	ほ	も	よ	ろ	を	ん
オ	コ	ソ	ト	ノ	ホ	モ	ヨ	ロ	ヲ	ン

32. Existem duas variedades de símbolos silábicos japoneses, conhecidos como kana: hiragana (linhas de cima, destacadas) e katakana (linhas de baixo).

garia uma sensação intrínseca de dificuldade, criando resistência em vez de apelo".

Como os japoneses decidem se vão usar kanas ou kanjis em uma frase? Há uma boa quantidade de variação e sobreposição entre os dois. No entanto, como orientação geral, os kanas servem para representar afixos de inflexão, partículas gramaticais, muitos advérbios e a maior parte das palavras de origem europeia, enquanto os kanjis são empregados para escrever a maioria dos nomes – tanto japoneses quanto sino-japoneses, que não tenham origem ocidental – e muitas bases de verbos e adjetivos.

Todas as frases japonesas podem a princípio ser escritas completamente com kanas. Na verdade, uma das grandes obras da literatura japonesa – *A história de Genji*, de Murasaki Shikibu, do começo do século XI – foi escrita com hiraganas (apesar de seu manuscrito original não existir mais). A escrita com kanas foi durante séculos o estilo principal de escrita usado pelas mulheres. Hoje, a maior parte do braile japonês é escrito com kanas, sem usar nenhum kanji; e o resultado é que os cegos japoneses são capazes de ler com muito mais facilidade do que muitos japoneses que enxergam!

Por que então a maioria dos japoneses não se converte à escrita exclusivamente com kanas, deixando aos literatos o uso dos kanjis? Por que eles persistem com as dificuldades intrínsecas da escrita que mistura kanas e kanjis? Uma das razões é que a maneira de soletrar foneticamente os kanjis tornaria as sentenças muito mais longas. Outra é que haveria uma confusão entre os kanas em palavras adjacentes, já que os espaços entre as palavras não são usados na escrita japonesa. Contudo, talvez a razão mais forte seja que muitas palavras em japonês têm a mesma pronúncia (os chineses evitam esse problema com os tons) e, por isso, seriam soletradas da mesma forma nos kanas.

Para explicar melhor este último ponto, o japonês tem uma grande quantidade de homófonos. Por exemplo, a palavra pronunciada *kansho* tem os 17 significados a seguir (no mínimo): vice-mercador, sentimental, interferência, vitória, irritável, elogiar, encorajar, encorajamento, apreciar, admirar, contemplação, observar o clima, atol, isolante/para--choque, escritório do governo, despachar, administrar. Cada significado pode ser identificado quando escrito com kanjis, mas não com kanas. É verdade que nem todos os homófonos japoneses são tão abrangentes quanto este e, em muitos casos, eles seriam esclarecidos pelo contexto de uma palavra na frase. Mesmo assim, a homofonia é vista por muitos indivíduos como a principal barreira à escrita exclusivamente com kanas. Então o kanji persiste.

Imagine que você tenha de soletrar seu nome e endereço ao telefone em japonês. É bastante fácil com um alfabeto, mas praticamente impossível com certos kanjis que distinguem nomes de lugares e pessoas que têm o som parecido. Como você descreve cada um desses dois mil símbolos? Você tem de falar em, por exemplo, "*kawa* com três traços" (*sanbonkawa*) – em oposição a todos os outros kanjis que podem ser lidos como *kawa*; ou *yoko-ichi*, o kanji lido como *ichi* que é escrito com um único traço horizontal. Porém, esse método de nomear os kanjis é de utilidade limitada, porque as formas dos kanjis variam muito e de maneira bastante uniforme.

Em consequência, nas conversas cara a cara, na falta de lápis e papel (ou da onipresente troca de cartões de visita), os japoneses valem-se da mímica: usam o indicador direito como um "lápis" para "escrever" o kanji no ar ou na palma da mão esquerda. Muitas vezes esta ferramenta também falha e uma pessoa precisa usar uma palavra comum apropriada como um rótulo para o kanji. Por exemplo, entre as dezenas de kanjis que podem ser lidos como *to*, apenas um também pode representar o nome *higashi* ("leste"); esse ideograma então é rapidamente rotulado como *higashi to iu ji*, "o ideograma *higashi*". Quando, no entanto, um kanji tem apenas uma leitura e você quiser descrevê-lo, ocorre um problema. Para identificar o kanji que representa *to* em "sato" ("açúcar"), você não pode fazer muito mais do que dizer simplesmente "É o que é usado na última sílaba da palavra para açúcar". Se isso não despertar a memória da pessoa com quem você está falando, você precisa voltar à forma: "É o kanji com o radical do 'arroz' à direita e o tang da 'dinastia Tang' à direita".

Não é de espantar, portanto, que George Sansom, uma autoridade em japonês, tenha comentado em 1928 sobre o seu sistema de escrita: "Não há dúvida de que ele fornece um fascinante campo de estudo, mas como ferramenta prática não tem quem seja inferior a ele". Uma autoridade contemporânea, J. Marshall Unger, acrescentou recentemente: "Em termos gerais, ao longo dos séculos, a escrita japonesa 'funcionou'. A cultura japonesa não floresceu *por causa* das complexidades do sistema de escrita, mas sem dúvida floresceu apesar dele."

Capítulo 8
Escribas e materiais

Escrever é uma habilidade que qualquer um pode aprender, mas também é um artesanato e inclusive uma arte. As inscrições hieroglíficas mais finas feitas em pedra e papiro do Egito, as gravações cuneiformes maravilhosas feitas em selos cilíndricos em pedras preciosas da Mesopotâmia, os ideogramas chineses pintados em papel de amora ou feitos com incisões no bronze, as lindas cerâmicas anotadas pintadas pelos maias, as suras caligrafadas do Alcorão esculpidas na fachada de mármore do Taj Mahal, os manuscritos iluminados da Europa medieval escritos em pergaminho e até mesmo as simples tábuas de madeira esculpidas em rongorongo na ilha da Páscoa – também são obras de arte. Até o advento da educação em massa que ocorreu no século XX (e a chegada do computador pessoal), cada sociedade que escrevia tinha uma classe de escribas profissionais que também eram artistas.

"Os escribas eram tidos em grande estima entre os antigos maias, assim como o foram em outras grandes civilizações caligráficas: antigo Egito, na China e no Japão, no Islã e na Europa Ocidental", escreve Michael Coe em seu magnífico livro, *The Art of the Maya Scribe* (A arte dos escribas maias), fotografado por Justin Kerr.

> Eles eram considerados com tanta estima que eram recrutados entre a nobreza e até mesmo na própria casa real. Assim como os outros oficiais que dirigiam as cidades-estado... durante o período clássico, usavam suas roupas e penteado próprios, nos quais as ferramentas de sua profissão eram exibidas de forma proeminente – seus pincéis e suas ferramentas de esculpir. Mais do que isso, muitas vezes assinavam com orgulho suas obras, e suas assinaturas apareciam em esculturas em relevo... e em cerâmicas finamente decoradas, tanto pintadas quanto esculpidas.

Entre as obras mais famosas de escribas maias está o Códex de Dresden, um dos quatro únicos "livros" sobreviventes dos antigos maias. No auge da civilização clássica maia, entre 250 e 800 d.C., havia muitos códices feitos de papel de casca de árvore com capas de pele de onça, pintados por escribas usando pincéis ou penas mergulhadas em tinta preta ou vermelha mantidas em potes feitos de conchas. Contudo, a maioria desses códices foi destruída pelos espanhóis (como o bispo de Landa) depois de sua conquista do México no século XVI. O Códex de Dresden não foi datado, mas provavelmente tenha sido pintado um pouco antes da conquista espanhola e então levado para a Europa por Hernan Cortés na década de 1520; em 1739, aparentemente foi comprado pela biblioteca real da corte da Saxônia em Dresden, cidade onde permanece até hoje.

O códex consiste em 39 folhas dobradas no tamanho de um guia de viagens, que abrem até atingir o comprimento de 3,5 metros. Em cada folha, que foi coberta com uma fina camada de cal, o escriba pintou com extremo cuidado uma série de deuses e animais, muitas vezes com muitas cores, acompanhados por numerais e glifos. (Esses glifos mostraram-se decisivos para ajudar o principal decifrador dos glifos maias, Yuri Knorosov, na década de 1950.) Na verdade, oito escribas participaram, de acordo com o detalhado estudo dos glifos, que mostra os estilos de oito mãos diferentes. As linhas das barras numerais, o interior dos glifos e as figuras dos deuses são tão finas que, segundo Coe, foram feitas com penas de pássaros, ou chanfradas ou com uma ponta muito afiada – não com os pincéis mais comuns.

Um vaso maia no "estilo do códex" único do século VIII, parecido com uma antiga história em quadrinhos, mostra os próprios escribas. Eles estão sendo ensinados pelo deus escriba Pawahtun. Em uma cena, dois jovens escribas, usando em suas cabeças o que os estudiosos chamam de "feixe de gravetos" – provavelmente espaços para penas de pássaros –, curvam-se diante da deidade idosa. O deus faz gestos com uma caneta em direção a um códex aberto, enquanto "fala" o conteúdo do livro de matemática (como num balão dos quadrinhos), na forma de numerais em barras e pontos. Em uma segunda cena, no outro lado do vaso, o deus está claramente irritado com os dois novatos, que agora parecem apreensivos. O segundo balão de fala da deidade consiste em dois glifos. Usando o sistema silábico decifrado por Knorosov e colaboradores, podemos ler o final glífico como a palavra *tatab(i)*. Em um dicionário maia do século XVI, a palavra *tataah* refere-se à escrita descuidada e apressada!

Escribas na antiga Mesopotâmia e no Egito

Na antiga Mesopotâmia, os escribas eram treinados em escolas especiais. Meninos e algumas poucas meninas praticavam em argila copiando algumas linhas de escrita cuneiforme redigidas por um professor: os nomes dos deuses, uma lista de termos técnicos, um breve fragmento de literatura ou um provérbio. Muitas tábuas escolares como estas sobreviveram, com a versão do professor de um lado e a versão menos competente do aluno do outro.

Uma vez treinados, os escribas desempenhavam muitos papéis. Os mais influentes eram aqueles da corte real e os secretários pessoais de diversos governadores de cidades no país. Outros estavam ligados a templos e outros ainda à indústria têxtil, construção de navios, oficinas de cerâmica e serviços de transportes. A maioria estava na agricultura, ajudando na manutenção dos canais de irrigação, registrando as rações da força de trabalho e a armazenagem da colheita, como também registrando os suprimentos e controlando as ferramentas agrícolas; eles também lidavam com a recepção e o transporte de animais. Finalmente, os escribas ocupavam posições no campo do direito. Muitos provavelmente não tinham poder real, mas alguns podem ter sido os equivalentes aos "secretários" de uma importante instituição. No entanto, os escribas da Mesopotâmia eram menos reverenciados do que os escribas nos antigos Egito e China.

33. No final do século VIII a.C., dois guerreiros assírios (à esquerda) cumprimentam-se depois de uma batalha; dois escribas (no centro) registram o número de mortos. O escriba em primeiro plano escreve em aramaico imperial, uma escrita alfabética, usando um pincel sobre o papiro. Seu colega barbudo escreve na tradicional escrita cuneiforme em uma tábua de argila ou coberta de cera.

Por volta de 2000 a.C., um professor anônimo de escola escreveu um ensaio em cuneiforme, "Dias na Escola", que é um dos documentos mais humanos escavados no Oriente Médio. Nele, um ex-aluno da escola de escribas, "Antigo Graduando", olha de forma nostálgica para os seus dias na escola. "Meu diretor leu minha tábua e disse: 'Está faltando alguma coisa', e me puniu." Naquela época, um após o outro, quase todos com autoridade encontravam uma desculpa para dar uma punição. Então "eu [comecei a] odiar a arte dos escribas, a negligenciar a arte dos escribas". O menino vai para casa encontrar seu pai em desespero e pede a ele que convide o professor para vir à casa deles. O professor vem, ganha a cadeira de honra, é acompanhado por seu aluno, que imediatamente demonstra a seu pai seus conhecimentos da arte dos escribas. Então o pai elogia o professor de maneira entusiasmada, vira-se para os empregados da casa e diz: "Façam óleo perfumado fluir como água na sua barriga e em suas costas; quero vesti-lo em uma roupa, dar-lhe um salário extra, colocar um anel em sua mão". Os empregados fazem o que é pedido e então o professor fala de maneira muito suave com o menino:

> Jovem companheiro, [porque] você não odiou as minhas palavras, não as negligenciou, pode completar a arte dos escribas do começo ao fim. Porque você me deu tudo sem reservas, pagou-me um salário maior que os meus esforços [merecem e] me honrou, que Nidaba, a rainha dos anjos protetores, seja o seu anjo protetor, que sua caneta afiada escreva bem para você; que seus exercícios não contenham erros.

No Egito, sabemos menos sobre a vida dos escribas porque as evidências estavam escritas em papiro (raramente em pedra), e os papiros não resistem tanto quanto as tábuas de argila. Mesmo assim, está claro, a partir dos fragmentos de papiro, das esculturas e dos equipamentos de escritas remanescentes e da importância dada às inscrições hieroglíficas, que os escribas bem-sucedidos tinham um grande status. Por exemplo, uma estátua em pedra-sabão de um escriba conhecido como Kay, datada de cerca de 2500 a.C., escavada em Saqqara, mostra-o sentado de modo satisfeito com as pernas cruzadas com um rolo de papiro parcialmente aberto no colo. Outro retrato de um escriba, em madeira, de um período um pouco anterior, mostra Hesire, o chefe os escribas reais, de pé em posição majestosa com seus equipamentos de escrita reunidos na sua mão esquerda. Na tumba de Tutancâmon, há um luxuoso conjunto de materiais de escrita: uma paleta de marfim, uma paleta de madeira coberta de ouro, uma lixa de papiro feita de marfim e ouro, além de uma elaborada caixa para canetas feita de madeira ornamentada e coberta de ouro.

Os fragmentos de papiro contêm conselhos morais que lembram aqueles das tábuas cuneiformes. Um professor escreve para seu aluno:

34. Equipamentos de escrita de Tutancâmon, encontrados em sua tumba, mostram o grande status do escriba no antigo Egito – maior do que na Mesopotâmia.

Eu sei que com frequência você abandona seus estudos e se esbalda em prazer, que você anda de rua em rua e cada casa fede a cerveja depois que você sai... Você, menino! Você não escuta quando eu falo! Você é mais gordo que um grande obelisco de cem côvados de altura e dez côvados de largura.

Outra obra retrata um pai levando seu filho à escola e aconselhando-o a ser dedicado se quiser evitar uma vida cansativa de trabalhos manuais. "Eu vi o ferreiro trabalhando ao lado do forno", declara o pai. "Seus dedos são como pele de crocodilo e ele fede mais do que ovas de peixe." Então o pai fez pouco de toda profissão manual. E outro papiro conclui: "A profissão dos escribas é esplêndida. Seus materiais de escrita e seus rolos de livros trazem prazer e riqueza".

Argila, papiro e papel

A maior parte das inscrições cuneiformes está escrita em argila. Produzir uma boa tábua de argila devia ser uma das primeiras tarefas de um escriba aprendiz. As tábuas maiores tinham onze colunas e poderiam ter trinta centímetros quadrados. Um lado era geralmente plano, enquanto o lado oposto permanecia convexo. O escriba escrevia primeiro do lado plano e, quando este estava cheio, virava a tábua e escrevia no lado curvado; os primeiros conjuntos de sinais, por serem planos, não eram estragados pela pressão.

Quando terminada, a tábua era deixada para secar; tais tábuas podiam ser alteradas molhando-se a argila. Em vez disso, a tábua podia ser assada, para criar um registro permanente. Se isso acontecia de maneira acidental durante um incêndio, durante a destruição de uma biblioteca, podia preservar a tábua para a posteridade. As tábuas queimadas em incêndios costumam ser cinza-escuras ou pretas, ao passo que aquelas assadas no dia para melhor preservação têm um tom marrom-alaranjado escuro. Os chamados "buracos de queima" às vezes eram feitos na tábua por meio da pressão feita com uma caneta (ou objeto parecido) que atravessava (ou quase atravessava) a argila. Antigamente, os estudiosos pensavam que esses buracos eram feitos para ajudar as tábuas a secarem ou para evitar que rachassem quando assadas, mas algumas tábuas grandes eram assadas com sucesso sem o uso dos buracos. Parece que os buracos de queima, não importa qual fosse seu objetivo inicial, logo se tornaram uma questão de tradição: existem cópias de textos literários nos quais os buracos de queima do texto original foram meticulosamente preservados na cópia.

Quando fazia inscrições em uma tábua, um escriba podia começar na borda superior esquerda, trabalhar para baixo até a borda inferior, retornar para o alto da próxima coluna e repetir o processo, movendo-se assim de maneira sistemática em colunas para a direita da tábua. Ao atingir o canto inferior direito, viraria a tábua pela sua borda inferior, começaria a escrever no canto superior direito e trabalharia em colunas em direção à esquerda. Então as tábuas de argila eram escritas e lidas como lemos os jornais modernos, com exceção ao fato de que os antigos escribas viravam a "página" pela borda inferior, e não pela borda lateral.

A caneta costumava ser feita de junco, apesar de ocasionalmente ser feita de metal ou osso. O junco era comum nas áreas alagáveis do Oriente Médio e era resistente. Um escriba podia facilmente cortar um junco para dar a ele uma ponta circular, pontiaguda, reta ou diagonal. Cada formato tinha seus usos, tais como imprimir os numerais com a ponta circular (fotografia 1), e alguns formatos de junco geravam estilos que tornavam possível reconhecer a mão do escriba.

A caneta podia obviamente ser direcionada para qualquer lado que o escriba quisesse em relação à tábua; e, se a tábua fosse pequena o suficiente, também podia ser virada para frente e para trás nas mãos. Um estudo de qualquer inscrição cuneiforme revela que as cunhas individuais raramente apontavam para cima, para a esquerda ou inclinada para a direita. (Os falsificadores tendem a esquecer esse fato.) Podemos ver o porquê se levarmos em consideração como a tábua era segurada. Imaginando que a maioria dos escribas era destro, a tábua era segurada entre o dedão e os dedos.

Nessa posição, uma variedade de cunhas poderiam ser feitas, mas muitas cunhas possíveis são esquisitas. Descobrimos que o primeiro ângulo da cunha (fotografia 2) é comumente encontrado na escrita cuneiforme tardia, enquanto o segundo ângulo (fotografia 3) é raro e desapareceu do uso padrão por volta de 2300 a.C.

A palavra "papel" deriva da palavra latina para papiro, que parece derivar do egípcio "pa-en-per-aa", que significa "aquilo que pertencia ao rei". (Muito provavelmente, o papiro era produzido e comercializado sob monopólio real.) Contudo, apesar de se defender com razão que o papiro foi o primeiro papel do mundo, costuma-se fazer uma distinção entre o papiro e o papel de uso moderno.

As folhas de papiro eram feitas com partes dos caule da planta do papiro, encontrada no delta do Nilo, que eram cortados em tiras e fatias. Muitas tiras finas e encharcadas da polpa eram então sobrepostas em determinados ângulos umas sobre as outras; as camadas eram pressionadas juntas para que o suco grudento garantisse a adesão; as tiras eram deixadas para secar e dar origem a folhas fortes e flexíveis. As folhas podiam então ser unidas para criar rolos compridos; o lado com fibras horizontais tinha de ser aberto para garantir que aquela folha, quando enrolada, não rachasse no lado escrito. O rolo mais antigo como esse conhecido, que não contém inscrições, foi encontrado na tumba de Hemaka da primeira dinastia em Saqqara, datado como sendo de 3035 a.C.

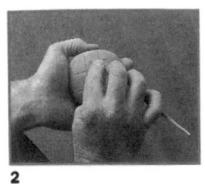

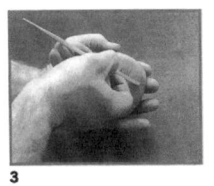

35. A escrita cuneiforme era feita em uma tábua de argila com uma caneta de junco moldada para criar diversos tipos de sinais. Veja o texto para uma explicação detalhada.

Folhas de papel, por outro lado, eram feitas de algodão, linho, madeira e outros materiais vegetais, tratados com água e às vezes calor, e então batidos até formar uma polpa para soltar as fibras de celulose. Estas eram coletadas como um tapete em uma tela, comprimidas e então secas em folhas. (Hoje diversos produtos químicos são acrescentados durante esse processo para branquear e revestir para reduzir a absorção.)

O crédito pela descoberta de como fazer papel é tradicionalmente dado a Cai Lun, um eunuco que viveu na corte imperial da China. Em 105 d.C., dizem que ele fez *zhi*, que é definido por um dicionário contemporâneo como "um tapete de fibras rejeitadas", de casca de árvore, restos de cânhamo, pedaços de tecido e velhas redes de pesca. Porém, evidências arqueológicas, na forma de espécies de papel muito antigo encontradas em diversos lugares áridos no oeste da China, sugerem que a fabricação de papel começou antes disso, durante o século II a.C., nas regiões tropicais do sul ou do sudeste da China. É até possível que tenha começado nos séculos VI ou V a.C., quando se comprovou a lavagem de cânhamo e pedaços de linho; alguém deve ter se deparado com as possibilidades quando secava alguns restos de fibras molhadas em um tapete.

Da China, a ideia do papel chegou à Coreia, ao Vietnã e ao Japão, que em poucos séculos estavam produzindo seus próprios papéis. Sua difusão para a distante Europa foi bem mais lenta: o papel não foi fabricado lá durante quase um milênio. A ideia seguiu a Rota da Seda – há cartas de mercadores escritas em papel encontradas perto de Dunhuang, no extremo oeste da China, que datam entre os séculos IV e VI d.C. – e foi transmitida para a Europa por meio dos governantes árabes e da civilização islâmica. No século XI, os governantes mouros da Espanha estabeleceram moinhos de papel e apresentaram a antiga invenção chinesa à Europa cristã.

Caligrafia

Originalmente, "caligrafia" significa "escrever bonito" (no grego antigo). Ela tem sido praticada em todas as culturas letradas e em todos os períodos, desde os hieróglifos egípcios e o Livro dos Mortos, passando pelos manuscritos medievais iluminados, como os Evangelhos de Lindisfarne, até os atuais elaborados convites de casamento. Porém, nos tempos modernos, tem sido particularmente importante no mundo árabe e na China.

Com a chegada do Islã e o surgimento da escrita árabe no século 7 d.C., o espírito artístico dos árabes voltou-se para a caligrafia e para a decoração abstrata, devido à relutância muçulmana em pintar imagens religiosas. O grande respeito que se dava à cópia do Alcorão conferiu à caligrafia alto prestígio. Também abriu espaço para o surgimento de estilos de escrita dominantes na escrita árabe, especialmente o cúfico e depois o naskhi e o maghribi, usado no norte da África. A Pérsia e a Turquia otomana desenvolveram outros estilos significativos para escrever o árabe vernacular.

Certas características da escrita árabe ditam a aparência de sua caligrafia. Existem diacríticos – pontos e traços curtos – colocados acima e abaixo das consoantes para indicar as vogais; certas letras podem ser unidas às suas vizinhas, outras letras apenas àquelas que as antecedem e outras ainda apenas àquelas que vêm depois. Também é importante o fato de não haver letras maiúsculas. Além disso, o calígrafo árabe escreve com uma caneta de junco com sua ponta cortada em ângulo, o que produz um traço grosso para baixo, um traço fino para cima e uma infinidade de gradações entre eles.

Na China, a caligrafia sempre foi mais do que apenas um simples refinamento ou elaboração da escrita; ela é sinônimo de escrita. Os chineses não falam em "escrita refinada", mas simplesmente em "arte da escrita" (shufa). Na China clássica, escrever (shu) era uma arte comparável à pintura, poesia e música, e às vezes até superior a elas.

Por essa razão, o calígrafo chinês não trabalha com uma caneta, mas com um pincel, como um pintor. Os pelos dos pincéis chineses, que normalmente são inseridos em cabos de bambu, são de cabra, lebre ou marta. Os pelos das martas selvagens caçadas no outono são especialmente apreciados por sua rápida reação às mudanças de pressão, o que dá vivacidade à escrita dos ideogramas chineses.

Há, é claro, uma variedade única de formas na escrita chinesa se comparada com as escritas alfabéticas. Os calígrafos chineses são naturalmente desafiados a usar seus pincéis para expressar essa variedade de maneira estética, enquanto permanece legível – uma exigência crucial. Eles têm como objetivo investir os ideogramas chineses com vida, animá-los sem distorcer suas formas fundamentais. Ao fazer isso, a personalidade artística do calígrafo manifesta-se de uma maneira que não acontece na caligrafia ocidental, que é completamente impessoal. Os nomes dos maiores calígrafos chineses, como Wang Hsi-chih (morreu em 379 d.C.), são bastante conhecidos na China, diferentemente dos calígrafos do ocidente. Grandes peças de caligrafia, sobretudo as mais antigas, têm quatro, cinco ou até mais assinaturas acrescidas a elas por calígrafos que vieram depois, que assim expressam sua felicidade com o feito do mestre original.

Capítulo 9

A escrita torna-se eletrônica

Quando teve início o sexto milênio da civilização documentada, a Mesopotâmia era de novo o centro dos eventos históricos. Certa vez berço da escrita, a ciência política dos governantes absolutistas como Hamurabi e Dario era escrita em acadiano, babilônico, assírio e antigo persa em cuneiforme em argila, pedra e metal com uma caneta. Agora, as guerras do Iraque contra Saddam Hussein geravam milhares de palavras em sua maioria alfabéticas escritas em uma babel de línguas mundiais em papel e na Internet com um computador. Ainda assim, apesar de as atuais tecnologias de escrita serem completamente diferentes das tábuas do terceiro milênio antes de Cristo, seus princípios linguísticos não mudaram muito desde a composição do épico sumério Gilgamesh, geralmente visto como a primeira obra literária do mundo.

Mesmo as mensagens de texto em telefones celulares – seja em inglês ou chinês – usam os conceitos de foneticismo, logografia, rébus e abreviação que já eram usados na antiga Mesopotâmia (sem mencionar os números arábicos). Em inglês, *before*[1] é escrito como "b4". Em alemão, *gute Nacht*[2] é enviado como "gn8", já que o numeral oito é pronunciado como *acht* em alemão. Em japonês, *san-kyu*[3] é escrito como "39", já que o numeral 3 é pronunciado *san* e o numeal 9 *kyu* em japonês – um dos vários exemplos desconcertantes dos empréstimos "ingleses" usados em mensagens de texto. Em chinês, as mensagens de texto precisam ser extremamente específicas devido aos obstáculos apresentados pela escrita em ideogramas. Os usuários de celular chineses têm um engenhoso sistema para pressionar diversas teclas ao mesmo

---

1. Antes.
2. Boa noite.
3. Obrigado.

tempo para criar ideogramas, baseados no número de traços usados para construir um ideograma, que pertence a um pequeno número de grupos aprendidos na escola. "Esses grupos são conectados a lugares no celular; então, ao pressionar as teclas na ordem em que os traços seriam desenhados no papel, é possível construir o ideograma necessário", explica o linguista David Crystal em seu livro *Txting: Gr8 Db8* [*Mensagens de texto: o grande debate*]. Outra alternativa para os autores de mensagens de celular chineses é usar o Pinyin, o sistema romanizado para escrever o chinês de forma fonética, para selecionar os ideogramas.

A computação e a internet tiveram um impacto sísmico na informação escrita, sem dúvida nenhuma. A escrita (e as imagens) pode ser criada, editada, publicada, acessada, armazenada e pesquisada eletronicamente de maneira tão fácil, acessível e barata que ainda é quase um milagre para aqueles de nós, como eu, que começamos a escrever em máquinas de escrever na década de 1980.

Mesmo o livro impresso parece estar ameaçado. Terá ele o mesmo caminho que a tábua de argila, o rolo de papiro e o códex durante o século XXI? Atualmente, a indústria editorial está dividida a esse respeito. Uma pesquisa feita com editores em 2008, conduzida pela Feira de Livros de Frankfurt, mostrou que quase metade esperava que as vendas de conteúdo digital ultrapassassem as vendas de livros impressos dentro de dez anos, enquanto um terço esperava que os livros impressos dominassem sempre. Estou inclinado a concordar com o segundo grupo (enquanto temo pelo futuro do hábito de ler). Livros de todos os tipos são um dos itens comercializados com mais sucesso na Internet desde o começo. A edição de livros escolares disparou com o crescimento da educação on-line. Como editor das críticas de livros de uma revista científica durante esse período, fiquei surpreso com o crescente fluxo de livros acadêmicos cada vez maiores enviados pelos editores para crítica, mesmo quando seus autores e editores despejam recursos em CDs, DVDs e websites que acompanham esses títulos impressos.

36. As mensagens de texto eletrônicas dependem da língua, assim como qualquer outra forma de escrita propriamente dita. Os antigos mesopotâmios também usavam abreviações.

A revolução tecnológica na informação também polarizou o antigo debate sobre a definição correta de escrita. As escritas "propriamente ditas" precisam depender de uma língua falada, como defendido neste livro? Ou elas podem flutuar livremente de suas âncoras fonéticas?

O surgimento da internet parece sugerir que o sonho da comunicação universal através das barreiras de línguas, nações e cultura por meio da escrita pode ser alcançado.

Três séculos atrás, em 1698, o filósofo e matemático Gottfried Willhem Leibniz (inventor do cálculo) escreveu: "Ao observar os sinais, vejo... claramente que é do interesse da República das Letras, e em especial dos estudantes, que homens estudados cheguem a um acordo sobre os sinais". Mas a natureza da escrita propriamente dita significa que a visão de Leibniz permanece uma ilusão impossível. Não existe algo como um sistema de escrita universal – e nunca haverá.

Na metade da década de 1970, com o crescimento das viagens internacionais, o American Institute of Graphic Arts trabalhou em conjunto com o United States Department of Transportation para desenhar um conjunto de símbolos para os aeroportos e outras instalações de viagem que seria claro tanto para os viajantes apressados quanto para aqueles que não falassem inglês. Eles criaram 34 símbolos icônicos. O comitê de design fez uma observação significativa. Escreveram:

> Estamos convencidos de que a efetividade dos símbolos é estritamente limitada. Eles são mais eficientes quando representam um serviço ou uma concessão que podem ser representados por um objeto, como um ônibus ou uma taça de bar. E são muito menos eficientes quando usados para representar um processo ou uma atividade, como a compra de bilhetes, porque este (último) são interações complexas que variam de maneira considerável de um meio de transporte para outro e mesmo de uma empresa para outra.

Os designers concluíram que os símbolos não deviam ser usados sozinhos, mas ser incorporados como parte de um "sistema de sinais completo inteligente", que envolvia tanto símbolos quanto mensagens alfabéticas. Fazer o contrário seria gerar "confusão" entre os usuários de avião.

Os sinais pictográficos e logográficos nos aeroportos e à beira da estrada constituem uma linguagem limitada de comunicação universal que pertence à protoescrita, e não à escrita propriamente dita. A matemática também é uma linguagem universal, mas não tem utilidade para a maior parte dos objetivos da comunicação escrita. Os quadrinhos e os desenhos animados podem ser apreciados por pessoas que falam línguas diferentes, que não podem acompanhar as legendas e os balões, mas apenas de maneira parcial. A pintura e a música comunicam poderosamente entre as culturas, mas seu significado é difuso e ambíguo. Comunicar "todo e qualquer pensamento" exige símbolos fonéticos. A conhecida enciclopédia on-line Wikipédia pode ter começado em inglês – a principal língua da internet –, mas em seguida desenvolveu versões escritas em mais de duas dezenas de línguas, incluindo o esperanto, a língua artificial criada em 1887 com a esperança de ser um meio de comunicação para pessoas de todas as línguas. A escrita e a leitura propriamente ditas dependem do conhecimento da língua falada. Esse fato não foi modificado pela internet – não importa quantos ícones de computador (e *emoticons*) possamos encontrar on-line.

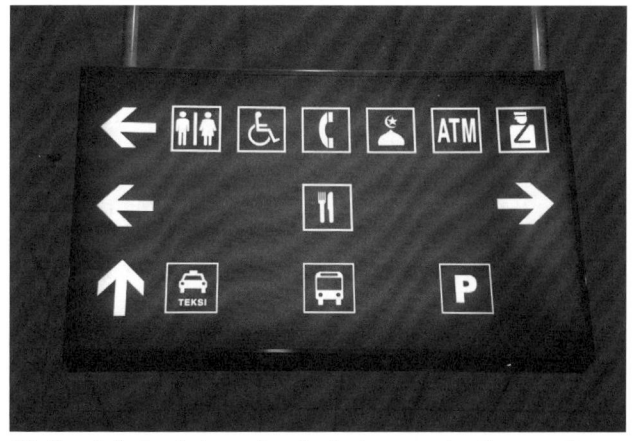

37. Os símbolos internacionais de transporte são uma forma muito eficiente de protoescrita, que nunca poderá tornar-se uma escrita propriamente dita.

Taquigrafia

Se uma escrita universal fosse possível, deveríamos esperar que os criadores da taquigrafia tivessem chegado perto dela; então, um conjunto de símbolos e regras taquigráficos poderia ser usado ao redor do mundo. Na verdade, a história da taquigrafia é dominada pela representação fonética e não logográfica, baseada em línguas individuais.

Mais de quatrocentos sistemas taquigráficos foram inventados apenas para escrever a língua inglesa. O mais conhecido foi criado por Isaac Pitman no século XIX. Seu princípio básico é extremamente fonético, o que o torna relativamente fácil de adaptar para outras linguagens escritas que não sejam o inglês. São usadas cerca de 65 letras, sendo que 25 são consoantes sozinhas, 24 consoantes duplas e 16 sons vogais. No entanto, a maioria das vogais são omitidas, embora possam ser indicadas pela posição de uma palavra acima ou abaixo da linha. Os sinais são uma mistura de linhas retas, curvas, pontos e traços – sem nenhum rastro de pictografia nem contraste na posição e na sombra. Eles são relacionados com o sistema de som; por exemplo, as linhas retas são usadas para todas as consoantes oclusivas (como o *p*), e os sinais para todas as consoantes labiais (como o *f*) são deitados para trás. A espessura de uma linha indica se um som é mudo ou vocalizado.

A taquigrafia usada por Samuel Pepys para escrever seu famoso diário no século XVII era muito menos fonética do que a de Pitman. Inventada por Thomas Shelton na década de 1920, ela lembrava um antigo sistema de escrita, como a escrita cuneiforme babilônica, misturando sinais fonéticos com logogramas e alguns sinais redundantes. Apesar de muitos dos sinais serem simples formas reduzidas de letras do alfabeto e abreviações de palavras inglesas, há cerca de trezentos símbolos inventados, a maioria logogramas arbitrários, como 2 para *to*[1], um 2 grande para *two*[2], 5 para

---

1. Para.
2. Dois.

because[1], 6 para *us*.[2] (Muitos desses símbolos eram "vazios", provavelmente para manter o segredo da obra.) As vogais iniciais era simbolizadas; as vogais do meio eram indicadas colocando-se a consoante que seguia a vogal em cinco posições acima, abaixo ou do lado da consoante anterior; e as vogais do fim era mostradas por pontos, organizados da mesma forma. Em geral, o sistema era quase fonético. A taquigrafia de Shelton era popular na sua época para fazer relatórios de sermões e discursos, talvez tão rápido quanto cem palavras por minuto – contudo, diferentemente do sistema fonético de Pitman, não durou.

O futuro dos sistemas de escrita

Até as últimas décadas, era consenso quase geral que, ao longo dos séculos, a civilização ocidental tentou fazer da escrita uma representação cada vez mais próxima da fala. O alfabeto era visto naturalmente como o ápice dessa busca consciente; a escrita chinesa, ao contrário, era considerada por muitos como desesperadoramente imperfeita. O resultado era a crença de que o alfabeto havia se espalhado pelo mundo e de que o mesmo acabaria acontecendo com a alfabetização e a democracia. Certamente, deve-se pensar, se uma escrita é fácil de se aprender mais pessoas irão entendê-la; e, se elas passam a entender melhor as questões públicas, é mais provável que façam parte e até exijam participar delas. Estudiosos – ao menos estudiosos ocidentais, como Ignace Gelb em *A Study of Writing* [Um estudo da escrita, 1952] – tinham assim uma concepção clara do progresso da escrita desde as atrapalhadas escritas antigas com vários sinais até os simples e modernos alfabetos.

Poucos estão tão confiantes hoje em dia. A superioridade dos alfabetos não é mais tida como certa. Em essência, o suposto padrão de uma percepção mais profunda da eficiência fonética que produziu uma crescente simplicidade na

---

1. Porque.
2. Nós.

ortografia não foi confirmada pelas evidências. Os antigos egípcios, por exemplo, tinham um "alfabeto" de 24 sinais quase cinco mil anos atrás, mas aparentemente escolheram não usá-lo sozinho e, em vez disso, desenvolveram um sistema logoconsonantal com mais de setecentos sinais usados regularmente. Os japoneses, em vez de usar seus simples kanas silábicos, escolheram importar cada vez mais kanjis da escrita chinesa, criando um sistema de complexidade incomparável. Os glifos maias mostram que os maias poderiam ter usado formas de escrever mais puramente silábicas, se quisessem, em vez de seus elaborados equivalentes logográficos e logossilábicos. Os astecas parecem ter freado deliberadamente o desenvolvimento de elementos claramente fonéticos ligados a seu complexo sistema de símbolos pictóricos e logogramas em um sistema novo de escrita fonética para a sua língua nahuatl.

Por fim, podemos mencionar a famosa irregularidade da escrita inglesa, que de modo algum é uma representação lógica e direta da língua. O escritor George Bernard Shaw, irritado pela falta de lógica da ortografia inglesa, deixou dinheiro em seu testamento para que um alfabeto racional fosse inventado para escrever o inglês. Uma competição pública atraiu 467 inscrições em 1958. Apesar disso, a proposta vencedora, feita por Kingsley Read, com 48 letras, ainda que engenhosa e simples de escrever, nunca foi usada. É quase impossível imaginar a aceitação pública de uma mudança completa na ortografia inglesa como a que foi feita na Turquia em 1928, quando o país mudou da escrita arábica para a escrita romana, ou na Coreia, com uma mudança menos abrupta dos ideogramas chineses para o hangul.

A razão pela qual os sistemas de escrita floresceram ou desapareceram tem mais a ver com questões políticas e culturais do que puramente linguísticas. A alfabetização envolve muito mais do que apenas aprender a ler e escrever. Um estudante de física japonês certa vez detalhou as verdadeiras desvantagens de escrever apenas com kanas, sem kanjis, e então acrescentou: "Afinal, uma longa tradição não pode mudar assim. Isso NUNCA vai acontecer!". Em outras palavras, escrever japonês com kanjis é parte importante da identidade japonesa. Os astecas, pelo contrário, gradualmente abandonaram seu sistema de escrita um século ou dois depois da impiedosa conquista espanhola do México e começaram a escrever com o alfabeto romano. Ainda assim, não mudaram seu sistema por motivos linguísticos, porque ele era inferior ou incapaz de competir com o alfabeto, defende o maior especialista em escrita asteca, Alfonso Lacadena, "mas como consequência da progressiva desintegração do universo cultural que o sustentava".

Muitos especialistas em escrita hoje têm um crescente respeito pela inteligência por trás das escritas antigas. Abaixo o monolítico "triunfo do alfabeto", eles dizem, e viva os ideogramas chineses, os hieróglifos egípcios e os glifos maias, com suas misturas híbridas de sinais pictográficos, logográficos e fonéticos. Sua convicção, por sua vez, alimentou uma nova consciência sobre os sistemas de escrita como sendo parte das sociedades, em vez de vê-los como algo árido, como diferentes tipos de soluções técnicas para o problema da representação visual eficiente de uma língua específica. Embora eu continue cético quanto às virtudes expressivas dos pictogramas e dos logogramas, essa crescente visão holística dos sistemas de escrita parece-se um desenvolvimento saudável que reflete a real relação entre escrita e sociedade com todas as suas sutilezas e complexidades. A transmissão dos meus pensamentos íntimos para a mente de outros indivíduos em muitas culturas por meio das marcas intrincadas em um pedaço de papel ou na tela de um computador continua a me surpreender como uma espécie de mágica não muito bem explicada.

CRONOLOGIA

Eras Glacias	Uso da protoescrita, isto é, da comunicação pictográfica
8000-1500 a.C.	Fichas usadas para contar, Oriente Médio
a partir de 3300 a.C.	Tábuas de argila para contabilidade sumérias, Uruk, Iraque
a partir de 3100 a.C.	Escrita cuneiforme, Mesopotâmia; escrita hieroglífica, Egito
a partir de 2500 a.C.	Inscrições em selos do Vale do Indo, Paquistão/noroeste da Índia
1900-1500 a.C.	O alfabeto começa no Egito, na Palestina e no Sinai
a partir de 1750 a.C.	Escrita linear A, Creta
1792-1750 a.C.	Reino de Hamurabi, rei da Babilônia
a partir de 1450 a.C.	Escrita hieroglífica hitita (lúvio), Anatólia
1450-1200 a.C.	Escrita linear B, Creta/Grécia
Século XIV a.C.	Escrita cuneiforme alfabética, Ugarit, Síria
1361-1352 a.C.	Reino de Tutancâmon, Egito
1200 a.C.	Inscrições em oráculos de osso feitas em ideogramas chineses
a partir de 1000 a.C	Alfabeto fenício, Mediterrâneo

900 a.C.	Inscrições olmecas, México
a partir de 730 a.C.	Alfabeto grego
a partir do século VIII a.C.	Alfabeto etrusco, norte da Itália
a partir de 650 a.C.	Escrita demótica, derivada da hieroglífica, Egito
521-486 a.C.	Reino de Dario; criação da inscrição de Behistun, Irã
400 a.C.	Alfabeto ioniano torna-se o alfabeto grego padrão
c. 270-c.232 a.C.	Ashoka cria decretos de pedra em escrita brahmi e kharosthi, norte da Índia
221 a.C.	A dinastia Qin reforma a ortografia dos ideogramas chineses
196 a.C.	Inscrição da Pedra de Roseta, Egito
Século I d.C.	Manuscritos do Mar Morto em escritas hebraica e aramaica, Palestina
75	Última inscrição cuneiforme
Século II ou antes	Invenção do papel, China
a partir do século II	Escrita maia em glifos, México; alfabeto rúnico, norte da Europa
394	Última inscrição hieroglífica egípcia
615-683	Reino de Pacal, governante maia clássico, México
712	*Kojiki*, mais antiga obra da literatura japonesa (em ideogramas chineses)

antes de 800	Invenção da imprensa, China
a partir do século IX	Alfabetos glagolítico e cirílico (escritas eslavas)
década de 1440	Sejong, rei da Coreia, cria a escrita Hangul
Século XV	Invenção dos tipos móveis, Europa
década de 1560	De Landa registra o "alfabeto" maia
1821	Sequoyah cria o alfabeto "cherokee", Estados Unidos
1823	Escrita hieroglífica egípcia desvendada por Champollion
a partir da década de 1840	A escrita cuneiforme mesopotâmica é decifrada por Rawlinson e colaboradores
1867	Invenção da máquina de escrever
1899	Descoberta das inscrições em ossos-oráculos, China
1900	Descoberta da linear A e B de Creta
1905	Descoberta das inscrições protossináiticas, Sinai
década de 1920	Descoberta da civilização do vale do Indo
década de 1940	Invenção dos computadores eletrônicos
1948	O hebraico torna-se uma língua nacional, Israel
1952	A linear B é decifrada por Ventris

a partir da década de 1950	Os glifos maias são decifrados por Knorosov e colaboradores
1958	Ortografia Pinyin alfabética, China
década de 1980	Invenção do processador eletrônico de texto
década de 1990	Invenção da Internet

Leituras complementares

Capítulo 1: A escrita e o seu surgimento

Daniels, Peter T. e Bright, William (org.). *The World's Writing Systems*. Nova York: Oxford University Press, 1996.

DeFrancis, John. *Visible Speech: The Diverse Oneness of Writing Systems*. Honolulu: University of Hawaii Press, 1989.

Nissen, Hans J., Damerow, Peter e Englund, Robert K. *Archaic Bookkepping: Writing and Techniques of Economic Administration in the Ancient Near East*. Chicago: University of Chicago Press, 1993.

Postgate, Nicholas, Wang, Tao e Wilkinson, Toby. "The evidence for early writing: utilitarian or ceremonial?". *Antiquity*, n. 69, 1995, p. 459-80.

Robinson, Andrew. *The Story of Writing: Alphabets, Hieroglyphs and Pictograms*. Londres: Thames & Hudson, 2007.

Schmandt-Besserat, Denise. *Before Writing: From Counting to Cuneiform*. Austin: University of Texas Press, 1992.

Capítulo 2: O desenvolvimento e a difusão da escrita

Houston, Stephen D. (org.). *The First Writing: Script Invention as History and Process*. Cambridge: Cambridge University Press, 2004. Inclui Cooper, Jerrold S. "Babylonian beginnings: the origin of the cuneiform writing system in comparative perspective".

Martinez, Ma. del Carmen Rodriguez et al. "Oldest writing in the New World." *Science,* 313, 15 de setembro de 2006, p. 1610-14 (e resposta em carta em *Science*, 315, 9 de março de 2007, p. 1365-6).

POWELL, Marvin A. "Three problems in the history of cuneiform writing: origins, direction of script, literacy." *Visible Language*, 15, outono de 1981, p. 419-40.

Trustees of the British Museum (sem editor, seis autores com introdução de J. T. Hooker). *Reading the Past: Ancient Writing from Cuneiform to the Alphabet*. Londres: British Museum Press, 1990. Contém "Cuneiform" de C.B.F. Walker, "Egyptian Hieroglyphs" por W. V. Davies, "Linear B and Related Scripts" de John Chadwick, "The Early Alphabet" de John F. Healey, "Greek Inscriptions" de B. F. Cook, "Etruscan" de Larissa Bonfante.

CAPÍTULO 3: O DESAPARECIMENTO DA ESCRITA

BAINES, John, BENNET, John e HOUSTON, Stephen (org.). *The Disappearance of Writing Systems: Perspectives on Literacy and Communication*. Londres: Equinox, 2008. Inclui "Increasingly redundant: the growing obsolescence of the cuneiform script in Babylonia from 539 BC" de David Brown.

BONFANTE, Giuliano e BONFANTE, Larissa. *The Etruscans: An Introduction*. Manchester: Manchester University Press, 2002.

GUY, Jacques B. M. "General properties of the Rongorongo writing". *Rapa Nui Journal,* v. 20, n. 1, 2006, p. 53-66.

CAPÍTULO 4: DECIFRAÇÃO E ESCRITAS NÃO DECIFRADAS

COE, Michael D. *Breaking the Maya Code*. Nova York: Thames & Hudson, 1999.

PARPOLA, Asko. *Deciphering the Indus Script*. Cambridge: Cambridge University Press, 1994.

POPE, Maurice. *The Story of Decipherment: From Egyptian Hieroglyphs to Maya Script.* Londres: Thames & Hudson, 1999.

ROBINSON, Andrew. *The Last Man Who Knew Everything: Thomas Young*. Nova York: Pi Press, 2006.

Robinson, Andrew. *Lost Languages: The Enigma of the World's Undeciphered Scripts*. Londres: Thames & Hudson, 2009.

Robinson, Andrew. *The Man Who Deciphered Linear B: The Story of Michael Ventris*. Londres: Thames & Hudson, 2002.

Capítulo 5: Como funcionam os sistemas de escrita

Coulmas, Florian. *The Blackwell Encyclopedia of Writing Systems*. Oxford: Blackwell, 1996.

Gaur, Albertine. *A History of Writing*. Londres: British Library, 1992.

Gelb, I. J. *A Study of Writing*. Chicago: University of Chicago Press, 1963.

Unger, J. Marshall. *Ideogram: Chinese Characters and the Myth of Disembodied Meaning*. Honolulu: University of Hawaii Press, 2004.

Capítulo 6: Alfabetos

Diringer, David. *The Alphabet: A Key to the History of Mankind*. Vols. 1 e 2. Londres: Hutchinson, 1968.

Mafundikwa, Saki. *Afrikan Alphabets: The Story of Writing in Afrika*. Nova York: Mark Batty, 2007.

Page, R. I. *Runes*. Londres: British Museum Press, 1987.

Powell, Barry B. *Homer and the Origin of the Greek Alphabet*. Cambridge: Cambridge University Press, 1991.

Capítulo 7: Escritas chinesa e japonesa

DeFrancis, John. *The Chinese Language: Fact and Fantasy*. Honolulu: University of Hawaii Press, 1984.

Hessler, Peter. "Oracle Bones". *New Yorker,* 16 e 23 de fevereiro de 2004, p. 118-31.

Moore, Oliver. *Chinese*. Londres: British Museum Press, 2000.

Seeley, Christopher. *A History of Writing in Japan*. Leiden: E. J. Brill, 1991.

Capítulo 8: Escribas e materiais

COE, Michael D. e KERR, Justin. *The Art of the Maya Scribe*. Londres: Thames & Hudson, 1997.

SAFADI, Y. H. *Islamic Calligraphy*. Londres: Thames & Hudson, 1978.

TSIEN, Tsuen-Hsuin. *Written on Bamboo and Silk*. Chicago: University of Chicago Press, 2004.

WILKINSON, Richard H. *Reading Egyptian Art: A Hieroglyphic Guide to Ancient Egyptian Paiting and Sculpture*. Londres: Thames & Hudson, 1992.

Capítulo 9: A escrita torna-se eletrônica

CRYSTAL, David. *Txting: The Gr8 Db8*. Oxford: Oxford University Press, 2008.

HARRIS, Roy. *The Origin of Writing*. Londres: Duckworth, 1986.

LACADENA, Alfonso. "Regional scribal traditions: methodological implications for the decipherment of Nahuatl writing". *PARI Journal*, 8 (Primavera 2008), p. 1-22.

TAYLOR, Insup e OLSON, David R (org.). *Scripts and Literacy: Reading and Learning to Read Alphabets, Syllabaries and Characters*. Dordrecht: Kluwer, 1995.

ÍNDICE REMISSIVO

A

alfabetos
    cirílico 47, 67, 110, 117, 156
    cuneiforme 53, 105
    etrusco 47, 54, 56, 57
    euboeano 115
    grego 155
    ioniano 155
    protossináitico 103-4
    romano/latino 29, 33, 46, 47, 49, 54, 66, 108, 112, 118, 121, 127, 129, 153
    rúnico 110, 118
    ugarítico 106
alfabeto shaw 152
alógrafo 66
análise de frequência (de sinais) 70
astecas 152, 153

B

Babilônia 32, 33, 50, 52, 53, 101, 154
Behistun, inscrição de 49-51, 155
bulas 15, 16, 20

C

caligrafia 46, 142-144
Canaã 102, 103, 105, 106, 112
canetas 20, 137
Champollion, Jean-François 61, 75-82, 95, 156
China 16, 17, 26-29, 31, 41, 46, 48, 60, 120, 133, 135, 142-144, 155-157
    escribas e escrita regular da dinastia Han 43
    escrita do Grande Selo da dinastia Zhou 41
    escrita do Selo Pequeno da dinastia Qin 41, 155
    escrita phags-pa 47, 48, 60
    escrita simplificada 41
    ossos-oráculos da civilização Shang 27, 42, 46
classificação dos sistemas de escrita
Cnossos 37, 89, 114
Códex de Dresden 134
Código de Leis de Hamurabi 34
comércio 17, 31, 35, 52, 57, 101, 108
computadores 70, 71, 156
contabilidade, registros 14, 16, 20, 22, 25, 106, 154
Coreia 46, 47, 85, 110, 142, 152, 156
Creta *ver também* linear A e B
cuneiforme
    antigo persa 106, 145
    elamita 34, 49-51
    inscrição de Behistun 50
cuneiforme acadiana 106, 107

D

decifração e escritas não decifradas 61, 159
definição de escrita propriamente dita 11-13, 16, 22, 24-27, 29, 44, 52, 58, 60, 84, 85, 147-149
desaparecimento da escrita 27, 45, 60, 159
desenvolvimento e difusão da escrita 26, 158
dicionários 123, 124
direção da escrita 35, 64, 66, 114
Disco de Festos 63-65

E

Egito *ver também* escrita hieroglífica egípcia
escribas 10, 31, 34, 41, 53, 66, 102, 133-137, 139, 140
escrita arábica 152
escrita aramaica 47, 53, 86
escrita cherokee 112, 156
escrita cirílica 117
escrita cóptica 76, 80, 82
escrita cóptico 76, 77, 80-82, 94, 95
escrita da Era Glacial 11, 12, 16, 154
escrita da Ilha de Páscoa, Rongorongo 49, 57-62, 64, 65, 70, 133
escrita demótica 45, 72, 74, 79, 95
escrita do vale do Indo 26, 58
escrita eletrônica 145
escrita etrusca 62
escrita fenícia 47, 86, 101, 104, 108, 114
escrita finlandesa 84
escrita Hangul 156
escrita hebraica 48, 107, 109
escrita hierática 35, 36
escrita hieroglífica egípcia 35, 74, 76, 99, 107
escrita hieroglífica meroítica 65, 70
escrita maia 68, 71
escrita olmeca 44
escrita phags-pa 47, 48, 60
escrita protoelamita 65
escrita púnica 108
escrita romana/latina 116
escrita rongorongo 49, 59
escrita suméria 32
escrita turca 46
escritas indianas 86-88, 109-111
escritas logoconsonantais 98, 101
escritas logossilábicas 101
escrita ugarítica 106, 107
escrita zapoteca 44, 62
etiquetas de osso e marfim 16
etruscos 29, 53-55, 57, 109, 115
Europa 7, 16, 27-29, 37, 46, 49, 54, 83, 109, 110, 133, 134, 142, 155, 156
Evans, Arthur 37, 89

F

futuro dos sistemas de escrita 151

G

gregos 29, 31, 53, 72, 76, 101, 109, 112-115

H

hieróglifos *ver também* escrita hieroglífica egípcia
hititas 62, 106
Homero 9, 37, 39, 75, 90, 102, 108, 115

I

incas 9, 44
indústria editorial 146
inscrições U-j (de Abidos) 20, 22, 23, 26, 31
internet 9, 146, 147, 149

J

Japão 26, 46, 83, 127, 133, 142
    hiragana 129, 130
    homófonos 25, 79, 131
    katakana 129, 130
    Kojiki 127, 128, 155
    romaji 129

K

kana 67, 83, 84, 127-130
kanji 67, 83, 127-129, 131, 132
Knorosov, Yuri 62, 134, 135, 157

L

Landa, Diego de 68, 112, 134, 156
Leibniz, Gottfried 148

linear A e B 16, 38, 39, 47, 156
Livro de Kells 117
Livro dos Mortos 36, 143
livro digital 146
logogramas 81, 82, 93, 100

M

mandarim 120, 121, 127
Manuscritos do Mar Morto 47, 48, 155
matemática 13, 121, 135, 148
mensagens de texto 145, 147
Mesoamérica 16, 26-29, 31, 43, 44, 63
Mesopotâmia 9, 10, 16-18, 26, 28-34, 47, 50, 52, 101, 105, 106, 110, 127, 133, 135, 138, 145, 154
minoicos *ver também* linear A e B

O

oghams 110
origens da escrita 10
ossos-oráculos da civilização Shang 42

P

papel 17, 29, 35, 49, 50, 126, 132-134, 139, 141, 142, 145, 146, 153, 155
papiro 35, 36, 52, 133, 136, 137, 139, 141, 146
Pedra de Roseta 71, 73, 74, 77, 78, 81, 155
pictogramas 18, 19, 20, 25, 89, 93

princípio de rébus 122
protoescrita 11, 12, 13, 24, 26, 27, 31, 32, 39, 58, 148, 149, 154
"pseudo-hieróglifos" de Biblos 107

Q

quebra-cabeças com escrita pictórica 24

R

Rawlinson, Henry Creswicke 50, 61, 156
Rota da Seda 29, 142
runas 110, 118, 119

S

selos de pedra 26, 27, 38
silabários 83, 86, 87, 129
Sinai 102-105, 154, 156
sinais fonéticos 10, 50, 67-70, 79, 81, 83, 84, 96, 150
  alfabeto logofonético 88
sistemas de contagem 64
Sócrates 9, 10, 16
surgimento da escrita 12, 15, 16, 24, 27, 101, 143

T

tábuas de argila de Uruk 17, 19, 21, 22, 26, 31, 32, 34, 154
tábuas de argila e "toquens" 110, 139, 146
Taquigrafia 150
Toth 10, 16, 81
transporte internacional, símbolos para 149

V

valores fonéticos 24, 63, 67, 75, 78-80
Ventris, Michael 7, 61, 62, 64, 65, 68, 70, 74, 75, 79, 90, 156, 160

W

Wikipédia 149

Y

Young, Thomas 7, 74, 75, 77-80, 95, 159

LISTA DE ILUSTRAÇÕES

1. Símbolos da Era Glacial / Desenho baseado em Henri Breuil / 12

2. Antigos pictogramas da Mesopotâmia / Desenho baseado em C. B. F. Walker, *Cuneiform* (1987) / 18

3. Uma tábua cuneiforme de Uruk / Cortesia de Robert Englund/The Schoyen Colletions (MS 1717) / 21

4. Etiquetas de osso da tumba egípcia de U-j / © Deutsches Archäologisches Institut, Cairo / 23

5. As origens da escrita / Baseado em Andrew Robinson, *The Origins of Writing* (2007) / 28

6. Um selo de pedra do vale do Indo / © Angelo Hornak/Alamy / 30

7. Uma inscrição em um osso-oráculo chinês / Cortesia da Academia Sinica / 42

8. A evolução dos ideogramas chineses / Cortesia de John DeFrancis, *The Chinese Language* (1984) / 43

9. Um dos Manuscritos do Mar Morto / Cortesia da Israel Antiquities Authority / 48

10. Inscrição cuneiforme em pedra de Behistun / Litografia baseada em Henry Rawlinson, *The Persian Cuneiform Inscription at Behistun* (1846) / 51

11. Tabula Cortonensis, tábua etrusca / © Rabatti-Domingie/akg-images / 56

12. Uma inscrição em rongorongo / Desenho baseado em Steven Roger Fischer, *Rongorongo* (1997) / 59

13. As principais escritas não decifradas / 63

14. Michel Ventris, 1953 / © Tom Blau / Camera Press, Londres / 65

15. Alfabeto maia de Diego de Landa / 68

16. Vaso de cacau maia / Cortesia de George Stuart / 69

17. A Pedra de Roseta / © The Trustees of the British Museum / 73

18. Jean-François Champollion, c. 1823 / Cortesia do Musée Champollion/ foto: D. Vinçon/ Conseil général de l'Isère / 76

19. Fonetismo e logografia em diferentes escritas / Cortesia de J. Marshall Unger, *Ideogram* (2004) / 84

20. A classificação dos sistemas de escrita / Baseado em Andrew Robinson, *The Story of Writing* (2007) / 88

21. Uma tábua em linear B de Cnossos / Desenho de A. J. Evans, *The Palace of Minos at Knossos* (1935) / 89

22. Uma tábua de linear B de Pilos / Foto: cortesia da University of Cincinnati / Desenho baseado em Michael Ventris, "King Nestor's four-handled cups", *Archaeology* (1954) / 91

23. O "alfabeto" hieroglífico egípcio / Baseado em Penelope Wilson, *Hieroglyphs* (2003) / 93

24. O alfabeto cóptico / 94

25. Um cartucho de Tutancâmon / © Griffith Institute, University of Oxford / 99

26. A evolução dos alfabetos europeus / Baseado em Andrew Robinson, *The Story of Writing* (2007) / 110

27. Capa de uma revista bengali / Cortesia de Sandip Ray/ Satyajit Ray, *A Vision of Cinema* (2005) / 111

28. As letras fenícias e gregas / 113

29. Um detalhe do Livro de Kells / © The Board of Trinity College Dublin / 117

30. Um calígrafo chinês / Museu Rietberg, Zurique / Foto: ©Wettstein & Kauf / 126

31. *Kojiki*, inscrição japonesa / 128

32. Hiragana e katakana / 130

33. Escribas assírios / © The Trustees of the British Museum / 136

34. Instrumentos de escrita de Tutancâmon / © Griffith Institute, University of Oxford / 138

35. Como escrever em cuneiforme / Cortesia de Marvin A. Powell/Thames & Hudson / 141

36. Shakespeare enviando uma mensagem de texto / © Ed McLachlan / 147

37. Símbolos de transporte internacional / © Fotolia / 149

Série Biografias **L&PM** POCKET:

Albert Einstein – Laurent Seksik
Andy Warhol – Mériam Korichi
Átila – Éric Deschodt / Prêmio "Coup de coeur en poche" 2006 (França)
Balzac – François Taillandier
Baudelaire – Jean-Baptiste Baronian
Beethoven – Bernard Fauconnier
Billie Holiday – Sylvia Fol
Buda – Sophie Royer
Cézanne – Bernard Fauconnier / Prêmio de biografia da cidade de Hossegor 2007 (França)
Freud – René Major e Chantal Talagrand
Gandhi – Christine Jordis / Prêmio do livro de história da cidade de Courbevoie 2008 (França)
Jesus – Christiane Rancé
Júlio César – Joël Schmidt
Kafka – Gérard-Georges Lemaire
Kerouac – Yves Buin
Leonardo da Vinci – Sophie Chauveau
Lou Andreas-Salomé – Dorian Astor
Luís XVI – Bernard Vincent
Marilyn Monroe – Anne Plantagenet
Michelangelo – Nadine Sautel
Modigliani – Christian Parisot
Napoleão Bonaparte – Pascale Fautrier
Nietzche – Dorian Astor
Oscar Wilde – Daniel Salvatore Schiffer
Pasolini – René de Ceccatty
Picasso – Gilles Plazy
Rimbaud – Jean-Baptiste Baronian
Shakespeare – Claude Mourthé
Van Gogh – David Haziot / Prêmio da Academia Francesa 2008
Virginia Woolf – Alexandra Lemasson

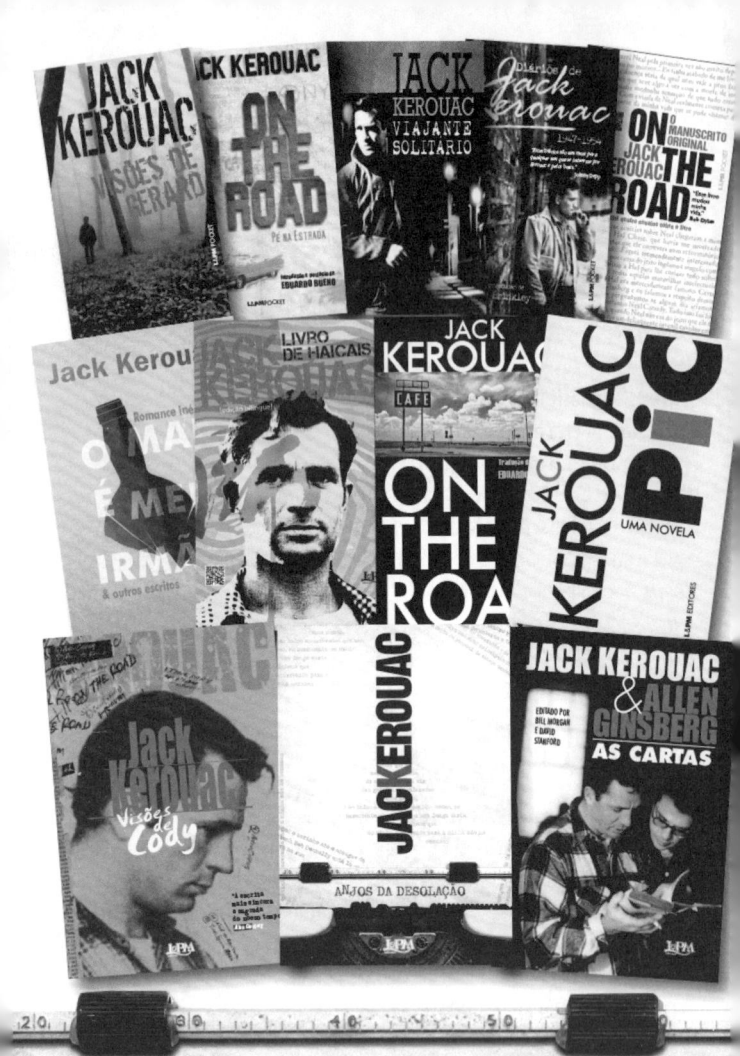

Kerouac para todos os gostos:
romances, haicais, peças, cartas
e o clássico dos clássicos, *On the Road*

L&PM EDITORES

Poesias, contos e todos os romances em mais de 20 títulos

L&PM EDITORES

Os russos estão na Coleção L&PM POCKET

Dostoiévski, Tchékhov, Turguêniev, Gogol, Anna Akhmátova, Tolstói

WALTER RISO

Mais de 2 milhões de livros vendidos em todo o mundo

L&PM EDITORES

Agatha Christie

EM TODOS OS FORMATOS

AGORA TAMBÉM EM FORMATO TRADICIONAL (14x21)

© 2016 Agatha Christie Limited. All rights reserved.

L&PM EDITORES

Mitsuru Adachi
Aventuras de menino

Inio Asano
Solanin 1

Inio Asano
Solanin 2

Mohiro Kitoh
FIM DE VERÃO

L&PM POCKET MANGÁ

SHAKESPEARE
HAMLET

SIGMUND FREUD
A INTERPRETAÇÃO DOS SONHOS

F. SCOTT FITZGERALD
O GRANDE GATSBY

FIÓDOR DOSTOIÉVSKI
OS IRMÃOS KARAMÁZOV

MARCEL PROUST
EM BUSCA DO TEMPO PERDIDO

MARX & ENGELS
MANIFESTO DO PARTIDO COMUNISTA

FRANZ KAFKA
A METAMORFOSE

JEAN-JACQUES ROUSSEAU
O CONTRATO SOCIAL

SUN TZU
A ARTE DA GUERRA

F. NIETZSCHE
ASSIM FALOU ZARATUSTRA

IMPRESSÃO:

Pallotti
GRÁFICA EDITORA
IMAGEM DE QUALIDADE

Santa Maria - RS - Fone/Fax: (55) 3220.4500
www.pallotti.com.br